大人のための「テーブルマナー」の教科書

NPO法人 日本ホテルレストラン経営研究所
理事長 大谷 晃 著

はじめに

お客様は神様

わが国では長い間、サービス業においてそう言われてきました。どんなことがあってもお客様は神様で、少々理不尽なことを言われようとされようと、サービス業に従事する者は常にお客様の言うことを聞き、従わなければならないと。

果たしてそれは正しいでしょうか。

サービス業、特に本書で取り上げるレストランのような場合、店はスタッフだけが作るのではなく、また、お客様だけが作るのでもありません。店側とお客様が共に作り上げるものです。そうすることで上質の雰囲気が生まれ、店は発展する方向へと向かい、お客様もご自分がいっそう磨かれていきます。

お客様と店側はいわば舞台の主役と脇役の関係です。主役を立てるのが脇役の役目です。とはいっても主役に従うのが脇役の役目でもありません。互いに高め合う存在、それがレストランにおける両者の関係です。

近年、店側はお客様に対してはっきりとした態度を示すようになってきています。予約をしておいて連絡もなく来店されないお客様にはキャンセル料を請求します。以前は泣き寝入りをしていた場面も多くありましたが、マナーをきちんと守っていただけないお客様に対しては、店側は毅然とした態度をとるようになっています。高級料理店に、騒いだり駄々をこねたりする幼いお子さんを連れてみえるお客様や、サンダル履きに短パンで来店するお客様などには、マナーに違反していることから、入店をお断りします。お客様も、〝エチケット〟〝マナー〟〝ルール〟〝モラル〟への理解が必要です。

前述したように、レストランの世界は変化しています。にもかかわらず、テーブルマナーに関しては、今も、フォーク&ナイフの使い方、コース料理の食べ方などに終始しているのが現状です。それらはテーブルマナーのごく一部です。根本的に重要なものが他にもたくさんあることから、そこに主眼を置いて作られたのが本書です。

本書は、今まで触れられなかったテーブルマナーについてこと細かに解説しています。例えば、第1章では、「店選びの決め手は下見」「道案内をチェックする」「正しい化粧室の使い方」「お店のチェックポイント」「カメラのマナー」「身体の不自由なお客様へ」など、現実の場面で重要と思える話題にフォーカスし、細部にわたって解説しています。目からうろこのことも多いはずです。

第2章では西洋料理全般について、第3章ではソムリエの仕事を章立てで記載しています。第4章では日本料理全般について、鉄板焼きや鍋料理などにも詳しく触れています。

器や箸に至るまでマナーを解説しています。第5章は中国料理全般について、第6章はパーティー全般について、誰もが知りたい着席パーティーから立食パーティーまで、心得ておきたいマナーについてすべて語っています。

レストランであろうとパーティー会場であろうと、私たちは大人としての立ち居振る舞いが求められます。それには大人としてのテーブルマナーを身につけておくことが大切です。そのために本書をおおいに役立てていただければ、レストランやパーティーでのひと時がきっとかけがえのないものになると、お約束します。

NPO法人　日本ホテルレストラン経営研究所
理事長　大谷　晃

目次

第2章　西洋料理編

第3章　ソムリエとワイン

第4章　日本料理編

第5章　中国料理編

第6章　パーティー編

※コラム「サービスのプロフェッショナル」は
各団体の協力の基に紹介しております。

第1章　「テーブルマナー」の基本

「ありがとう」は魔法の言葉

「ありがとう」

これほど人と人とをつなぐ素晴らしい言葉はないのではないでしょうか。世界共通語であり、「ありがとう」と言う方も、言われる方も、そのあとほっこりとした心地いい気分になります。

日本人に比べ、欧米人はいろいろな場面で普通にこの言葉を使います。レストランでもそうです。スタッフが料理を運んだり下げたりするたびに、こちらに顔を向け、「ありがとう」と言われます。すべての方とは言いませんが、多くの方が自然にこの言葉を口にされます。

「ありがとう」は相手に対する感謝の言葉です。お客様にとっては、料理を運んだり下げたりしてくれるスタッフへのねぎらいの気持ちと同時に、おいしい料理を作ってくれた人、新鮮な食材を提供してくれた人への感謝の思いもその言葉には込められています。

店側が来店されるお客様に「ありがとうございます」と感謝するのは当然ですが、お客様もおいしい料理を提供する店側に対して「ありがとう」の気持ちを持つことは、提供する側といただく側との関係をより豊かなものにし、共に実りある時間を共有できます。

「ありがとう」は人と人との心を結ぶ潤滑油となる言葉です。この一言がレストランでの食事の質を高め、いっそう味わい深いものにしてくれます。是非、「ありがとう」を忘れずに添えてください。

「ソワニエ」を目指そう！

頻繁にご利用いただくお客様のことをフランス語で「ソワニエ」と言い、いわゆる「上客」のことです。ただし、ソワニエは単に通いつめたり、高額の支払いをしたりするお客様を言うのではありません。食文化やワインを敬愛し、店の思いを感じ取り、良い所も悪い所もはっきりと言ってくれる心の通じ合う関係で、店側がまた来ていただきたくなるような、大切にしたくなるようなお客様を指します。

例えば、料理がおいしかった時、心底、「これ、すごくおいしいね。ありがとう」と、一言、添えてくださったり、「少しだけど、あとでみなさんで食べて」と手土産を持ってきてくださったりなど、スタッフが「いいお客様だな、また来ていただきたいな」と思うお客様を指します。

スタッフも人間ですから、気持ちのいい応対をされると、心が動かされます。飲み物やデザートを一品、サービスすることもあります。

つまり、レストランといえども、店とお客様は人間関係で成り立っているということです。良い人間関係が築かれれば、店のスタッフは気持ち良く、また誇りを持って仕事ができ、お客様も店側からプラスαのサービスを受けることができます。

ただし、その場合、注意も必要です。他の席のお客様が〝差別〟されていると感じてはならないからです。そのお客様にばかり親し気な態度を示せば、他の方々はいい気持ちがしません。「同じお客なのに」と不満を持たれてしまいます。スタッフはその点、十分配慮が必要です。また、お客様も、例えば手土産であれば、さりげなく渡すことが大事です。互いにさりげない行動が求められます。

「お店に愛されるお客様、お客様に愛されるお店」を目指しましょう。すると、レストランでの食事がよりいっそう楽しく、充実したものになるに違いありません。

エチケット、マナー、プロトコールの違い

人間にとって食べることは生きる上で欠かせません。会食は人が出会い、食事を共にすることですが、それをさらに一歩推し進め、私は「快食」を提案したいと思います。「快食」は単に集まって食べるだけでなく、そこに心地良さが加わります。ただし、それには配慮しなければならないことが三つあります。

一つ目が〝身〟。相手の存在を認めて受け入れ、「エチケット」をもって接すること。

二つ目が〝心〟。共に食することに感謝し、相手をもてなす作法の「マナー」を心得ていること。

三つ目が〝芯〟。国際的に共通するルールの型、「プロトコール」を理解していること。

エチケットとマナーが人と人との間で行われるのに対し、プロトコールは国と国との間で行われる国際儀礼を指します。

一般に私たちに関係のあるのはエチケットとマナーですが、違いを聞かれると答えに詰まる方が多いかもしれません。エチケットはフランス語、マナーは英語からきています。違いは、エチケットが個人的な社交上の〝思いやり〟を現わすのに対し、マナーは個人的な社交上の礼儀作法を指します。結婚式、デート、誕生会、法事などのプライベートな場での思いやりのある行為はエチケット、接待、歓送迎会、祝賀会、各種パーティーなどのビジネスの場での礼儀作法はマナーと言えます。

一方、プロトコールは国際交流における、特に公式な場面での礼儀作法を指します。晩餐会などでのレシービングライン（ホスト側が入口に並んでゲストをお迎えする立礼の列）の順番や食卓での席次などは、きちんと序列が決まっています。言葉も文化も習慣も異なる人たちが交流するには多くの約束事が必要です。そこで国家間の儀礼上のルールが決められ、それがプロトコール（国際儀礼）です。

企業だけでなく個人の間でもこれからますます国際交流が盛んになるでしょう。レストランでもそのような場面が増えるでしょうから、プロトコールを身につけておくことは、お客様の側だけでなくサービスをする側にも重要で、かつ必要です。

大人のためのテーブルマナー

最上のサービスを受けるために

レストランで食事をする時、どなたも最上のサービスを受けたいと思われるでしょう。そのためには、お客様がお出しになる意思表示のサインが大事です。店側ではそのサインを見て、臨機応変にふさわしいサービスを行っていきます。

サインとは予約時に店側に示す要望や、店内での行為を言います。店側ではそれらを判断材料としながら、お客様にご満足いただけるサービスを提供していくのです。

言い換えれば、お客様がはっきりとしたサインをお示しでなければ、店側もいいサービスを提供できないということになります。「お席のご希望は？」とお聞きした時に、「そちらにお任せします」では、なじみのないお客様であれば、あまりいい席には案内されないでしょう。反対に、「今日は結婚記念日なので、窓際の静かな席をお願いしたい」と言っていただければ、店側では可能な限りそれに沿った席をご用意します。この違いは大きいと言えます。友人との会食、誕生日などのお祝い事においても同様です。

若い方であっても、ゲストを招いて一流のレストランで食事をしたり、またその反対のケースもあるでしょう。その時、ゲストに満足していただき、また自分も臆せず食事を楽しむには、サインを含めたテーブルマナーを身につけておくことが大切です。また、それはいざという時に役立ちます。

スタッフは見ている

レストランでのサービスは年代と共に徐々に変わってきています。例えば、以前だと、店側ではお客様から聞かれたことにだけお答えするのが常でした。聞かれない限りお答えすることはなかったのです。その場の雰囲気を壊さないようにとの配慮からです。ちなみにその対極にあるのが和風の旅館・ホテルです。ここではお客様が気づかないことでも旅館・ホテル側が忖度《そんたく》して提案したり、実行したりします。お客様がお部屋に入って汗をかきのようなら、そうっと冷たいお水をお持ちする、さりげなくエアコンの温度を下げるなど、いわゆる「かゆいところに手が届く」おもてなしをサービスの中心に据えています。

一方、レストランは西洋から入ってきたので、そのようなサービス方法は取りません。それでも時代と共に徐々に変化し、最近では、スタッフはお客様から聞かれたことには丁寧にお答えするようになっています。

このような行為ができるのも、店側では来店された瞬間からお客様を観察しているからです。実によく見ています。また見ていないと、お客様が何をお望みか、とっさにわかりません。優れたスタッフほどお客様をさりげなく、また、よく観察しています。

お店に一歩足を踏み入れた瞬間から、いえ、もっと言えば予約の段階から、お客様と店側との絶妙なかけひきが始まっています。そのかけひきを楽しむこともまた、レストランにおける食事の醍醐味です。

インターネットで店選び

レストランで食事をする時、誰もがまず店選びをします。その方法として、近年最もよく利用されるのがインターネットです。インターネットが普及する以前は、口コミや、雑誌・テレビなどで紹介されたのを見て、行きたい店を決めていました。でも今は、多くの人がインターネットで選んでいます。店探し専門のサイトもあり、こちらも大変人気です。

どの店に行けばいいかわからない時は、例えば、「フランス料理　有名店」と打ち込むだけで、人気のフランス料理店がずらっと出てきます。料理の種類と行きたい地域を打ち込んでも、該当する店が次々に現れます。外観、店内、装飾、料理、飲料などの写真や動画も掲載され、どういうこだわりの店かもわかります。そこで何軒も比較しながら、一番良さそうな所を選びます。

インターネットで店選びをする時、多くの人が判断基準の一つにしているのが店の〝評判〟でしょう。満足度を示す点数の他、その店で食事をした人の書き込みが掲載されています。好意的なものが多いようですが、ただし、それはその人個人の意見であって、他の人はそうとも限らないことを理解しておく必要があります。書かれていることをうのみにしないことです。感覚は人によって違います。濃厚な味が好きな人には、濃厚な料理はおいしくても、淡白な味が好みな人にはまずいととられるかもしれないのです。

店選びの決め手は下見

下見に行こう!

インターネットは大変便利ですが、弱点もあります。それは、店の概要はわかっても細かいところまでは伝わってこないことです。料理の味、店の造り、雰囲気、店側の応対など、どれも実際に足を運ばないとつかめません。サイトに掲載されている店や料理の写真はきれいでも、実際はそれほどではなかった、ということもよくあります。

そこで、インターネットで検索して、「この店にしようか」と目星をつけたら、実際に訪れてみましょう。ディナーでなくてもいいのです、ランチなら手ごろな料金で食べられます。それによって、今回の会食にふさわしい店かどうかを判断します。

ビジネス上のゲストを招いての会食や、大事な人と思い出に残る食事をしたい時などは、特にそうです。気に入れば、その場で予約するのもいいですし、すると店側と直接、料理の内容や要望について話が進められます。ただし、忙しい時間帯ははずす配慮はお願いします。

初めての店ほどゲストをお連れするのはどこか不安なものですが、ランチであっても一度そこで食事をしていたら、招く側としては自信が持てます。余裕をもって振る舞えます。それだけ食事も楽しくなり、また、いっしょに食事をするお相手にも喜んでいただけます。

店選びの決め手は下見にあると思ってください。

道案内をチェックする

では、下見ではどのようなところをチェックすればいいでしょうか。下見は店に向かうところから始まっています。

店へのアクセス

初めて訪れる店は、行き方がよくわからないものです。そこでいきなり店に電話をして道順を聞く人もいますが、多くの方は、まずインターネットで調べます。店のホームページには電車、地下鉄、バス、車などによるアクセスの方法と共に、地図が掲載されています。ただし、「駅から歩いて〇分」と書かれていても、実際は探して歩く分、それより時間がかかります。その点を考慮して記載して欲しいものですが、利用する側も少し時間を上のせして頭に入れておきましょう。

準備が整ったら、この地図をもとに徒歩や電車、車で店に向かいます。方法はいくつかあります。

一つが地図をプリントアウトして、それを持って探すやり方です。携帯電話の扱いに慣れない高齢者の方などはこの方が安心なようです。次が、携帯電話で探す方法です。店のある地図を見ながら、あるいはナビシステムで誘導してもらいながら探します。

それでもわからない時は、店に電話で尋ねます。その際、「近くに何が見えますか」と店側が聞いた時、相手はとっさに目に映る大きな看板や建物を言いがちです。すぐそばにいるわけではないことも多いので、「その前にいらっしゃるのですか、それとも離れていますか」と店側は確認する必要があります。離れた所からだとわかると、「すぐ近くには何がありますか」と改めてお尋ねします。また、そこから店まであと何分くらいかかるかも、必ず言い添えます。大事な目安となります。

特にわかりにくい場所にあるような店では、道順を尋ねる電話がかかってくることも多いはずです。スタッフの誰が受けても、相手の身になって的確に答えられるようにしておくことが大切です。それができている店は、他の面でもスタッフ間の連携が図られ、教育も行き届いているとお客様に信頼してもらえます。

カーナビをうまく使う

車で食事に行かれる時、多くの人がカーナビを利用します。カーナビは便利ですが、時に誤った方向に誘導され、イライラした経験を持つ人も少なくありません。せっかく便利なカーナビです、上手に使いこなしましょう。

まず目的地を設定します。それにはいくつかの方法があります。一つが、電話番号で検索する方法。ホテルや観光施設など電話番号がわかれば入力して検索します。また目的地の名称を入力して探す方法もあります。ただし、一般に知られていないスポットや新しくできた施設など、カーナビに登録されていない場所や建物は検索できないこともあります。

住所から探す方法もあります。マップコードを入力しても可能です。マップコードとは、日本のどの地域にもつけられている6～10桁の数字のことです。カーナビによっては対応できない機種もありますが可能であれば、マップコードの検索サイトから調べられます。

また、ジャンルから探す方法もあります。ほとんどのカーナビについています。機種による違いはありますが、買う、食べる、遊ぶ、泊まるなどのジャンルから選び、画面が変わるごとに絞っていきます。

カーナビは目的地までしっかり誘導してくれますが、時にうまくいかなかったりします。目的地の名称を入力したのに、「該当なし」と表示されるのもその一つです。これにはいくつかの原因が考えられます。入力ミス、カーナビ地図の作成や更新時にその建物が建設されていなかった、名称変更などです。こういう時は、住所検索など別の方法で再度やってみましょう。

また、動物園としかわからなくて、何という動物園か覚えていないような場合は、「あいまい検索」という機能がついたカーナビであれば、キーワードとエリアを入れ込むだけで候補地が出てきます。また、一般道から降りたのにカーナビが高速道路のままの誘導を続ける場合は、「ルート再検索」→「一般道のルート」と選ぶと、正しい表示が現れます。

正しい化粧室の使い方

お店に到着したら、席に着く前に利用したいのが化粧室(レストルーム)です。食事の途中で席をはずすのはマナーに反しますから、そんなことがないように、最初に化粧室で用事をすまし、身なりを整え、手をよく洗っておきます。

日本の化粧室は外国の方々から絶賛されるほど、きれいで清潔です。最近は、さらに美しさに磨きのかかった化粧室を、特に大手のデパートなどでは競い合うようにして造っています。それというのも、化粧室が女性客にとって特別な場所だということがわかっているからです。ここで女性は自分を美しく整え、会食やショッピングという舞台に上がっていくのです。

高級店の中には、支配人（マネージャー）が入口でお迎えしながらやんわりと、お客様に先に化粧室に行かれることを促したりもします。高級な西洋料理店ではおしぼりが出ない所もあります。フランス料理ではパンが添えられ、これは手でちぎっていただきます。料理の中にも、手を使わないと食べられない物があります。そのため前もって手をよく洗っておくことが必要です。他に、ウイルス感染を防止する意味もあります。

ビル内の店の場合は、外に共有の化粧室があって、専門の清掃員が時間ごとに掃除をします。街のレストランの場合は化粧室は店内にあり、掃除はスタッフが行います。

化粧室は店の鏡と言えます。清潔感に対する店側の意識と姿勢がはっきりと現れるのが化粧室です。床や個室の中が汚れていたり、洗面台や床などに水のしずくが飛び散っていたり、髪の毛などが落ちていては、食事をする前からお客様を不快な気分にさせてしまいます。特に高級店では許されません。掃除は開店前だけでなく、ディナータイムにおいても、スタッフが時間をおいて化粧室を点検し、きれいにします。

なお、化粧室を利用されるにあたっては、お客様にも心得ていただきたいマナーがあります。ウイルス感染を防止するために蓋をしてから水を流します。トイレットペーパーが切れたら次の方のために交換し、また、トイレットペーパーの切れ端を床に落とさないようにすることなどです。

食事で落ちた口紅の化粧直しなどは、会計の前か、お連れの方が会計をされている間に、化粧室で行うのがスマートです。

なお、店で食事をする時は、香水は控えましょう。特に狭い店では料理の味にも影響してきます。それではせっかく食事を楽しんでいる他のお客様のご迷惑になります。それもエチケットであり、またマナーと心得てください。

開店前の準備

開店にあたって、スタッフは掃除以外にも多くの仕事をこなします。椅子やテーブルがぐらつかないかをチェックして回り、カトラリーやワイングラスを磨き、ひびや欠けていないかを点検します。高級店の中には、クリーニングから上がったテーブルクロスのしわをアイロンでのばしたりもします。食器やグラスがチップ（小さな欠け）していないかの点検は料理を運ぶ前にも行われ、同時に、異物が混入していないかなどもチェックします。

ビールなどの飲料やテーブルの上の調味料を開店前に補充するのも、毎日欠かせないスタッフの仕事です。

開店前にはスタッフを集めてのミーティングが開かれ、全員でその日の予約内容を確認します。何時に、どのようなお客様が何人で、どういう目的で個室を使用されるのか、誕生日などの特別な日のお客様がいらっしゃるなどの情報を共有します。また、スタッフ同士で、お互いの服装や髪型、爪の手入れのチェックも行い、お客様の来店に備えます。

レストランのスタッフは、ホール、厨房すべて含めて「ワンチーム」です。失敗も成功もみんなで共にし、喜びもみんなで分かち合います。サービスはワンチームで行って初めて完成するものです。スタッフ全員がそのことを心にしっかり留め、日々の仕事に励んでいます。

お店のチェックポイント

レストランでの食事は料理をいただくだけではありません。店の雰囲気、店側の応対、妥当な料金設定など、すべて含まれます。どれか一つ欠けても、良いレストランとは言えません。では、具体的にどのような点をチェックすればいいのか、見ていきましょう。

ポイント1　雰囲気

初めて店に足を踏み入れた瞬間感じる雰囲気は、あとあとまで左右するのでとても大事です。

お客様は期待を胸に来店されます。しかし、入ったとたん雰囲気が悪かったら、その期待が裏切られます。なんとなく暗い、ごちゃごちゃしている、掃除が行き届いていない、破損箇所がそのままになっている、シミのついたテーブルクロスを使っている、などが目に入った時です。

スタッフはお客様にサービスをすることだけが仕事ではなく、それはすでに開店前から始まっています。ここでは主に掃除に費やされます。床、化粧室、廊下はもちろんのこと、テーブルや椅子の脚、壁面の下部なども念入りに掃除をします。こういう箇所は案外人目につきやすく、靴跡がついていたり、埃があったりすると、「なんだ、この程度の店なのか」とお客様に思われてしまいます。掃除を徹底していない店は、他の面でもマイナス点があるのではないかと、先入観をもたれてしまいます。そのようなことがないように、スタッフは掃除をなによりも重視し、開店前に念入りに行うのです。掃除を徹底している店では、破損箇所がそのままになっていたり、シミのついたテーブルクロスを使ったりはしません。掃除の時にわかるからです。椅子やテーブルがぐらつくのもこの時点でわかります。すぐに対処します。

また、入店した時、もう一つチェックしたいのは、ホームページ上の写真や動画との違いです。ホームページにはゆったりとくつろげる内部が写されています。でも、実際はそれほどではない、ということがよくあるのです。広角に撮ることによる演出です。実際、足を運ぶことで、そういうところもよく見えてきます。

ポイント2　店側の応対

評価する上で、最も重要なポイントと言えるかもしれません。ぞんざいな態度だったり、呼ぼうと合図をしてもスタッフ同士でしゃべっていたり、他ばかり見ていたり、あるいは質問をしてもきちんと答えられなかったりする店は不適格です。お客様を不安にさせたり不快にさせては、たとえ素晴らしい料理を提供しても、お客様は満足するどころか、「もう二度とこない」となってしまいます。

反対に、常にお客様に目を配り、それをサービスで示す店はお客様を満足させ、「また、行ってみたい」という気持ちにさせます。店側がホームページ上で謳う「最高のサービス」を、実際にサービススタッフが行っているかどうか、よくチェックしましょう。店側の応対は、料理の味と共にお客様に再び来店していただけるかどうかの鍵を握るものです。

ポイント3　料理と飲み物

ご自分だけでなく、ゲストの口に合うかをチェックします。おいしいかどうかは、ご自分よりゲストの嗜好を優先させます。

ゲストが辛い物好き、あるいは濃厚な味が好きなどという場合は、その嗜好に合わせて、ゲストに向く店かどうかを判断します。ご自分にはおいしくても、薄味を好むゲストには味が濃すぎると思えば、その店は避ける他ありません。ゲストが和食派、洋食派、中国料理やエスニック料理が好み、また、ワイン党だったり日本酒党だったりすれば、そういう相手の嗜好に合わせる店を選ぶことが大切です。下見をする意味はこのような点にもあります。

次に、料理がスムーズに出てくるかどうかも、大きなチェックポイントです。料理がなかなか出てこないのは、お客様からすると嫌なものです。「遅いなー」とお客様をイライラさせるようでは店として失格です。もし訳があって遅くなるならその旨をお客様にお話しし、その後も「あと○分でお持ちできます」と、経過を伝えることが大切です。サービスにすぐれた店かどうかはこのようなところに現れます。お客様もそれだけで気持ちが変わってきます。

ポイント4　料金

チェックポイントの最後は料金です。店の入り口にディナーのメニューを開いて置いてある店もありますが、ない場合はスタッフに言って見せてもらいましょう。

ここでチェックするのは予算との兼ね合いです。料理とワインなどの飲料、サービス料、消費税などすべて合わせて、予算内に収まりそうかどうかを見ます。

予算よりオーバーしそうな時でもすぐに諦めず、上級サービススタッフに相談してください。料理の素材や品数を変更したり、料理に合ってしかも安くておいしいワインを選んでくれるなど、お客様のご予算に応じたメニューを組み立ててくれます。そこが上級サービススタッフの腕の見せどころでもあるのです。

もっと細かな相談内容に関しては、後述する「予約」の項目の中で、詳しく説明します。

料理人と「テロワール」

最近、よく耳にする言葉に「テロワール」があります。これは、terreという土地を意味するフランス語から派生した用語で、主にワインに使われてきました。同じぶどう品種で作っても、土地によって味が違います。気候、地形、標高、土壌などが異なるためです。テロワールとは、「土地の個性」とも呼ばれ、ぶどうを取り巻くすべての自然環境を指します。ただしこの言葉は日本では今、もっと広い意味に解釈され、〝風土に根ざした食材〟として料理人たちの間で使われています。

風土に根ざした食材は私たちの身近にあります。しかし、地元の食材は地元で消費する「地産地消」という考え方が浸透しているために、その味が広く知られないままになっていたりします。その土地にしか生まれない個性ある野菜などや魚介類です。そこでこの点に目を向け、取り入れることで新たな料理を作り出そうと、休みの日に農家や漁場を訪ね歩いて食材を探したり、生産者と協力して食材を育てるなどして、新しい料理の提案をするのが今のレストラン業界のトレンドとなっています。

日本にあって私たちが口にしたことのない美味な食材はたくさんあります。それを発掘し、多くのお客様に味わっていただこうとするチャレンジ精神旺盛なお店にはお客様も刺激され、次はどんな料理が出てくるだろうかと毎回ワクワクした気分にさせられます。店の定番もいいですが、新しい食材の料理を予約時にお店の人に尋ねてみるのも、レストランで食事する楽しみの一つと言えます。

心地良い会食も予約しだい

予約は契約

会食をする店が決まったら、次が予約です。

ところで予約とは何か、おわかりですか。予約とは契約を指します。本来なら文書で交わさなければならないものをインターネットや電話ですますのが予約です。

予約は契約ですから、予約した限りは、店側だけでなくお客様の側もそれを守る義務があります。最近、旅館・ホテルのかき入れ時に、予約したまま連絡もなく来館せず、準備を整えていた旅館・ホテルに多大な損害を与えた事件がありました。これはまさに予約に違反したもので、契約違反です。キャンセル料は契約違反に対して設定されています。なお、高級店の中にはキャンセル料に厳しい姿勢をとっている所もありますから、キャンセルポリシーを確認した上で予約に進みましょう。

予約しているのに連絡せず遅れる場合、混み具合にもよりますが、店では30分まではお待ちします。それを過ぎるとご来店なしと判断し、次にお待ちのお客様にお使いいただきます。そのあとご来店になっても、他の席が空くまでウェイティングをお願いする場合もあります。

ホームページから予約する

予約は日時と人数だけを店側に言って席を確保するものと思われている方がいますが、そうではありません。それではもったいないと言えます。

予約には2通りの方法があります。ホームページからと、電話による方法です。若い方は携帯電話がすでに生活の一部になっているため、予約も携帯電話から行うことが多いようです。

その店のホームページにある「予約をする」（店による違いはあり）のボタンをタップすると、必要事項がいろいろと出てきます。店によってはメニューが詳しく載っていたり、空き状況を示すカレンダーが添えられていたりします。そこで、氏名、日時、人数、希望のコースなどを打ち込んだり選択したりします。

また、会食の目的（誕生日、接待など）、宗教上やアレルギーで食べられない食材、その他の要望の欄なども設けられていて、書き込みができるようになっています。ドレスコードやお断りするお子さんの年齢などの情報も、記載されている場合があります。

打ち込みや書き込みが終わったら、あとは送信するだけです。店側から確認や問い合わせのメールが来れば、そこでまたメールでやりとりします。

電話で予約をする

予約はホームページ上からできても、より良いサービスを受けたい方には電話での予約がお勧めです。店側と会話をすることで、直接、料理や予算、要望に関するやりとりができます。また、その応対によって、接客の良し悪しがつかめます。応対が良くない店は避けたほうがいいですし、それも電話だからわかることです。

ビジネスディナーの場合、ホームページからの予約では、会食の目的を「接待」というように書き込むことはできても、会食者の上下関係までは伝えられません。電話だとそれが可能です。「とても重要なお客様をお招きするので」と電話口で告げれば、お客様が到着された時に、店側ではどなたがその重要なゲストかを即座に見分け、ご案内し、ふさわしいサービスを提供します。

また、最近は女性が上司だったり、会計で女性が支払うなどのケースも珍しくありません。予約時に電話で事前に伝えておけば、上級サービススタッフは心得ていますから、支払いの際にミスが起きるようなことがありません。

二人の記念日に思い出に残る食事をしたい、という時も同様です。窓のある店では、窓際の静かな席を、ない店でも、隣りのテーブルとの兼ね合いを考慮した上で、ふさわしい席をご用意します。記念日のお祝いをサプライズでやりたいという時などは、特にそうです。電話で相談しておけば、当日、バースデーケーキや花束、シャンパンなどで演出して差し上げられます。サプライズでなくても、誕生日のお祝いの会食だと告げておくだけで、店では先の物をご用意したりします。料理内容に関しても、店側にいろいろ尋ねて、変更の相談にのってもらえますし、また、予算内で収めるための料理と飲み物のアレンジなども提案してもらえます。

確認と変更

一般に、予約は2~3日前でも可能です。ですが、人気店の中には何か月前からであっても、なかなか予約のとれない所もありますから、ホームページか、直接電話で確かめましょう。

予約をしてから日数がたっている場合は、来店の2~3日前にリコンファーム（予約の再確認）をすると、きちんとされているお客様だと、店側の評価も高くなります。反対に、店側からリコンファームされることもあります。人数の多い場合、予約の時点で人数がはっきりしなかった場合、クリスマスのような混み合う時期の場合などです。必ず来ていただけるかどうか、電話をして確認します。

変更については、コース料理の場合、仕入れの関係から受けつけない店もあります。いつまでならキャンセルが可能かも調べておきましょう。また、当日の人数の変更は要注意です。2人が3人になる、4人が5人になるのは、店側としては困ります。テーブルを新たに一つ用意しなくてはならないからです。すでに予約でいっぱいの時はそれができず、椅子を一つつけ足すなどして間に合わせなければなりません。これでは見るからに窮屈ですし、居心地も悪くなります。このようなことを避けるためにも、人数の変更は前もってお知らせいただきたいというのが、店側の願いです。

予約なしで来店する場合

食事をするのに、予約なしで店を訪れることもあるでしょう。なかなか予約がとれない店や、クリスマスなどの混み合う時期を除いて、席がすべて埋まっていることはそうあるものではありません。ただし、予約なしで訪れると、空いている席に案内されることになりますから、たとえあまりいい席でなくても、ご了承をいただかざるをえません。

しかし、その時、例えば、「今、満席でございます」と言うだけだとそれで終わりでも、一言、「あと1時間くらいで1席空きますのでご用意できますが」と代案を提示されれば、「じゃあ、待ってみようか」となるかもしれません。さらに、その間に時間をつぶしていただく場所、ホテルであればバーやバーラウンジ、あるいは近くのコーヒーショップを紹介されればお客様の心証度はさらに増します。代案を提案できるかどうかは、良い店かどうかの決め手の一つとなります。

変わるドレスコード

高級店であるほど、ホームページにはドレスコードが記載されています。ドレスコードとは、「服装の基準」とも訳されますが、その店の雰囲気を損なわないための服装のルールです。

ひと昔前までは、男性なら「ジャケットにネクタイ着用」というドレスコードが多かったのですが、今は「ジャケット着用」「半ズボンやサンダル履きのような軽装の入店はご遠慮いただいています」など、ドレスコードも変わってきています。

以前のようにネクタイ着用を強要しないのは、時代が変わり、今やスタイリッシュなノーネクタイのファッションを好む方が多いことにもあるようです。「エレガントカジュアルを推奨している」と、記載しているところもあります。

女性に関してはほとんどの店でドレスコードはありません。ドレスコードは店の雰囲気を壊さず、他のお客様に不快感を与えないためのものですから、ドレスコードが書かれていなくても、非常識な服装や、歩くたびにカツカツと周囲の方々の耳に障る音の出る靴はご自分から避けるのがマナーです。

クロークの使い方

入店したら、まずコート類や荷物をクローク（一時預り所）に預けます。

クロークはあるとは限らない

ホテル内などのレストランであればたいていクロークが置かれています。街のレストランの場合は、スペースの関係上、クロークがないところも多いのが実状です。受付やキャッシャーの裏側にカーテンで仕切って預かる場所を造っていたり、サービススタッフの目の届く所にハンガーでかけるなどして対応しています。ただし、それも、絶対というわけではありません。高級店であってもそのようなスペースを持たない所も中にはあります。

そもそもなぜ、コート類や荷物を店で預かるのでしょうか。もし席でコート類を脱げば、埃が立ったり、隣りのテーブルのお客様に袖が当たったり、雨の日であればしずくが散ったりと、いずれにしても周囲のお客様のご迷惑になります。せっかくの楽しい食事を邪魔してしまうことになりかねません。

コート、マフラー、帽子、荷物などをクロークや受付で預けると、「貴重品はございませんか」とサービススタッフがうかがいますが、それは責任の所在を明確にするためです。

なお、女性や接待相手がコートを脱ぐ時にさりげなく手伝うのは、クロークマナーの基本です。帰り際も同様です。預けたコートなどをクロークから受け取り、女性や接待相手がコートを着用するのを手伝うのもマナーと心得ましょう。

ちなみに、クロークなどで店側が一番戸惑うことが、女性のお客様からハンドバッグを預けられることです。たとえ貴重品は取り出してあっても、ハンドバッグは荷物ではなく服装の一部ですから、席までお持ちいただくのが本当です。男性は手ぶら、女性はバッグ一つでホールに向かうのがスマートです。ただし、男性の中にはバッグを預けず、テーブルまで持ち込む方も中にはいらっしゃいます。その場で必要な物が入っている時などです。

傘立てのない高級店もある

預ける手荷物では、他に傘もあります。クロークがあれば、店側ではクロークでお預かりして、コートなどと共に引き換え札などをお渡しします。また、スペースに余裕があれば、鍵のかかる傘立てを用意している店もあります。しかし、そうでない、例えば街のレストランなどでは、差し込んでおくだけの傘立てだったり、高級店でもそれがないところさえあります。取り違いを防ぐのがその理由です。特に男性の傘は色、形共よく似ていますから取り違いが起きやすく、そこであえて傘立てを用意していなかったりするのです。その時は、お客様に席までお持ちいただきます。

このように高級店であっても、席まで持ち込まなければならない所もありますから、予約時に確認されたほうが無難です。もしなければ、折りたたみ傘と共に濡れた傘を入れておける専用の傘入れなどを持参します。席に着いたらテーブルの下に置くか、立てかけておきます。

ところで入店したお客様に対して、店側が真っ先に目を留めるのが男性だとコート、靴、腕時計、スーツ、ネクタイ、ベルトです。コートは特に手渡しされますから、質感までわかってしまいます。女性はドレスやブランドもののバッグ。高級な物を身に着けていらっしゃる方は、店にとっては〝華のあるお客様〟ですから、やはり上位席にご案内することになります。

ただし、そのようなお客様の中にも、その種の優遇を嫌う方もいらっしゃいます。案内係はお客様の言動などからそれを察知し、ご満足いただける席へとお連れします。

席へのご案内

準備が整うと、お客様を席にご案内します。支配人（マネージャー）、あるいはそれに相当する者が行います。というのも、どの席へどのお客様をご案内するかは大変重要で、店側にとって最初の山場となるからです。

ご案内しながらめぐらすこと

お客様の席は、予約時にうかがった会食の目的や要望と照らし合わせて、テーブルセッティングの前に割り振っていきますが、席までご案内する間も、案内役はいろいろなことに考えをめぐらします。主に他のテーブルとのバランスです。例えば、ビジネス関係の会食のお客様を、楽しそうに盛り上がる方々の近くにお連れしたり、仲睦まじいカップルを、深刻な会話をされている方の隣りにご案内しては、相手の存在が気になって、食事を楽しんでいただけない恐れが出てきます。アンバランスな雰囲気を作っては、案内役として失格です。

そこで、今どの席にどのような方がいらっしゃるか、あるいは、あとからどのような方がおみえになるか、常に前後左右のテーブルのバランスを考えてご案内します。同時に、全体を見回し、それぞれのテーブルにおける料理の進行状況や、サービスが適切に行われているかどうかもチェックします。

また、席にご案内しながらその場で変更したりもします。身なりや雰囲気が他の方々に違和感を与えるような場合です。

アメリカのテレビドラマの傑作「刑事コロンボ」のシリーズの一つ「別れのワイン」というドラマの中に、コロンボが自分で予約した高級レストランで、ひどい扱いを受けるシーンがあります。店ではそのヨレヨレの服を見て、厨房への出入り口である一番悪い席に案内します。そこに名士のゲストが登場し、店側を叱りつけていい席に換えさせます。高級レストランでは身なりに気をつかわないと損をすることがよくわかるシーンです。

お客様をただ黙って席までお連れしているように見えても、実はその間、いろいろなことに考えをめぐらし、ベストのサービスを心がけるのが、席へのご案内なのです。

弱い相手に寄り添う〝レディーファースト〟

マナーというと固ぐるしい感じがしますが、基本は自分より弱い相手に寄り添う行為に他なりません。男性が女性をエスコートする「レディーファースト」もそうです。これはヨーロッパの中世の騎士道精神からきたもので、女性をいたわり守るためのマナーとして今に伝わっています。

レディーファーストと言うと、日本人の男性は日常的に慣れないせいか、どうしてもとってつけたような行為になりがちです。でも、女性をいたわり守るためと考えると、その行為は自然とレディーファーストになるはずです。

例えば、予約したレストランに向かう一組のカップルがいるとしましょう。店までの道、車の往来があれば、男性は車の通る側を歩き、また、女性の速度に合わせて自分も歩く。これらは事故から女性を守る男性としての立派なレディーファーストです。

レストランがビルの中にある場合、エレベーターやエスカレーターを使いますが、レディーファーストの行為としては、エレベーターでは男性はドアをおさえて女性を先に乗せ、あとから自分が乗り込む。降りる時もドアをおさえておいて女性を先に、自分はあとから降ります。これらも女性を背後から守るためで、エスカレーターの場合も同様です。高齢者や身体の不自由な方が閉まりかけたエレベーターに乗ろうとする時、乗り込むまでドアをおさえて差し上げるのと同じです。レディーファーストは弱者を守る行為であり、そう考えると、どなたも自然と行動に移れるでしょう。

レストランでは、席に案内される時、スタッフの次に女性が、そのあと男性が歩きます。女性がつまづいたりした時に後ろから支える役目を担っています。ただしビジネス関係の場合は別で、女性同伴でも接待相手を優先し、また女性が部下の場合などは、男性が上位の席に座ってもかまわないとされます。

ここまで見るだけで、レディーファーストが何を意味するものであるか、おわかりでしょう。男性に比べれば、一般的に女性は弱い存在です。弱者を守る、そこから発するのがレディーファーストです。それはプロトコール（国際儀礼）の5原則、「序列の重要性」「右上位」「答礼・相互主義」「異文化尊重」と共に挙げられているものです。

男性には是非心がけていただきたいですが、あからさまだと誤解される恐れもあり、下心に受け取られては逆効果です。国際人として無理なく自然に振る舞えるレディーファーストを身につけたいものです。

席に着いたら

手はテーブルの上に

着席は左側からが基本とされてきましたが、左利きの方やテーブルが壁についている場合などは無理ですから、この場合は反対側から入ってかまいません。

着席したら、深く腰かけて背筋をピンと伸ばします。浅く座ると、どうしても前かがみになり、犬食いになりやすくなります。品がなくだらしなく映る上、ネクタイやシャツにシミがついたり、ズボンやスカートに料理をこぼしたりする恐れが出てきます。肘をついて食べるのもだらしない行為です。

テーブルと身体との間は、握りこぶし一つか二つ分空けるのがふさわしいでしょう。手はテーブルの縁にかけるようにして置きます。畳に正座する時のように膝の上に置くのは、西洋料理のレストランではタブーとされています。欧米ではその昔、テーブルの下で膝の上に手を置くと、武器を隠しているのではないかと疑われたため、手に武器を持っていないことを示すために、テーブルの上に手を出すようになったとされます。それが今に伝わっています。ハンドバッグは椅子と背の間に置きます。

ビジネスバッグの置き場所

クロークがある店ではビジネスバッグはそこに預けますが、ない場合はテーブル内の空いている椅子に置くか、足元に用意された収納入れにしまいましょう。床に置く時は、サーブする人が邪魔にならない場所を選びます。この際、ウェットティッシュを携帯していると、帰り際、バッグの底を拭くことができて便利です。

携帯電話はOFFに

会食の時は携帯電話を切っておくのがマナーと心得ましょう。ただし、ビジネスでいつ必要な電話がかかってくるかわからない時は、マナーモードにして留守番設定にしておくといいでしょう。

会食中、テーブルの上に携帯電話を置いている方をよく見かけますが、この行為は相手に対して失礼です。バッグやポケットにしまっておくのがマナーです。

電話をかけ直さなければならない時は、現在の料理を食べ終わっていることが前提です。それが下げられ、次の料理が出てくるまでの間がかけ直すタイミングです。もちろん会話は店の外に出てから行います。携帯電話が鳴った瞬間にその場で話し込むのは厳禁です。

会食中の会話

おしゃれなレストランで食事をする時は、会話もおしゃれでありたいものです。それにはまず、自分サイドの話ばかりしないことです。互いに相手の話に耳を傾け、途中ですぐに口をはさまないようにします。相手の話を途中で折るのはエチケットに反します。ビジネスでの会話はそれぞれのケースによるでしょうが、プライベートな場合は、その場を盛り立てる心づかいがお互いに必要です。また口の中に食べ物を入れながら会話をすることは美しくありませんし、相手の口に入っている時も会話のタイミングをずらしましょう。

料理のシェア

「おいしそう、それちょっとちょうだい」「じゃあ、私はそっちのを」などと、レストランで料理をシェアするお客様がいらっしゃいます。料理は、シェフが一皿に心を込め、お一人分を絶妙なバランスで盛り付けています。ところがシェアされると、盛り付けだけでなく、シェフのその思いもあっさり崩されてしまいます。

料理をシェアすることは控えましょう。それでも、家族間や親しい友人、カップルの間でどうしてもという時は、料理に込めるシェフの思いを十分に受け留めながら、取り分け用の皿を用意してもらい、行いましょう。

嫌われる行為

食事中に見かける良くない行為の一つが、足を組んだり、靴を脱いだりすることです。テーブルクロスがかかっているので気づかれないように思っても、他のお客様からも店のスタッフからもよく見えています。

レストランは非日常の世界です。お客様はそれぞれ食事をしながら楽しいひと時をすごされます。その雰囲気を壊す行為はどれも良くありません。声高におしゃべりしたり、ガチャガチャ音を立てるのも同様です。行為が気になる時は、支配人や上級スタッフに言って、注意を促してもらいましょう。ご自分で対応するとお客様同士でトラブルになることもあり、店側に任せるほうが賢明です。

タブーな行為

日本人の男性の中には、爪楊枝をおおっぴらに使い、中には「シーシー」と音を立てる方がいます。これは最も嫌われる行為です。使う時は化粧室か、店をあとにしてから。テーブルでは、せめて口の周りを手で覆うくらいの配慮が必要です。

同様に、忌み嫌われる行為が「ゲップ」です。出るものはしかたないといっても、出さないことを心がければ、それも可能です。どうしてもという時はナプキンやハンカチで口をおさえるなりして、周囲の方々に不快な印象を与えないようにします。

テーブルに誤って皿の中の物を落とした時は口にせず、さりげなく皿の奥に置いておきます。

目立たない場所にある喫煙スペース

改正健康増進法により2020年の4月から飲食店やホテルなどで喫煙が全面禁止になりました。受動喫煙防止のためです。以前は喫煙席と禁煙席を分けて設けている店もありましたが、それも撤廃され、喫煙家には厳しい状況となっています。

そこで、タバコを吸う人のために、駅の周辺などには喫煙スペースが設けられています。ホテルやレストランでも喫煙できる場所が造られていたりしますが、ほとんどの場合、屋外で、しかも目立たない場所です。建物内は珍しいほどです。

タバコが吸いたい時は店のスタッフにお尋ねください。喫煙場所を教えてもらえます。ただし、テーブルで吸うのとは違い、そこまでは距離があり、往復しなければならない分、その間、席を空けることになります。特にお連れの方がお一人であれば、その方がポツンと取り残されたようになってしまいます。お連れの方のためにも、できれば食事中の喫煙は我慢したいものです。

カメラのマナー

近年、インスタグラムにスマートホンで撮った写真を投稿することが流行っています。なかでも注文した料理やスウィーツなどを、食べる前に撮って、インスタ映えのする写真を載せるのが人気です。

しかし、店では他のお客様もいらっしゃいます。その方たちのご迷惑になっては店側としても困りますので、その点のマナーは心がけていただきたいと思います。

まず、写真を撮る時は、スタッフに一言断りましょう。俯瞰《ふかん》して撮るには席から立ち上がらなければなりません。それだけで周囲のお客様は気になります。その上、カチャカチャとシャッターを切る音がすれば、気が散ります。他のお客様に迷惑になるのは確かですから、大人のマナーとしてまず最初にスタッフに断っていただきたいと思います。許可を得れば、短い間のことですから、他のお客様のご理解も得やすくなります。

撮る時の注意としては、背景に他のお客様が写り込まないようにすることです。どのようなご事情で会食しているかわかりませんから、公にされた時、もしものことが起こるのを防ぐためです。

食事が終わり、集合写真をお撮りになりたい時はテーブルではなく、他のお客様から離れたキャッシャーや入口付近でお願いしたいと思います。この時、スタッフがよく頼まれるのがシャッターを押す役です。次々に頼まれたりもします。お客様のせっかくの思い出を作るお手伝いをするのですから、スタッフも一番いい写真が撮れるように練習をしておくことが必要です。

テーブルの上のトラブル

食事中、ちょっとしたトラブルはよくあります。たとえば、お客様がフォークやナイフを誤って床に落とした場合。その時は、ご自分で拾わないで、サービススタッフをお呼びください。どのカトラリーかを確かめ、すぐに新しい物をお持ちします。そんなことをさせて悪いと思われる必要はありません。それが仕事であり、むしろお客様にそうさせることの方が、サービススタッフとして失格なのです。

同様に、飲み物をこぼしてしまった時も、すぐにサービススタッフをお呼びください。多量の時は、隣りのテーブルが空いているなら、そこにセッティングをし直し、お客様に移っていただきます。もし空いていない時は、拭き取ったあとにその箇所に新しいナプキンをかけて急場をしのぎます。

では、グラスを割ってしまった時はどうでしょうか。請求されるのではないかと心配される方がいますが、酔っぱらってのことであったり、あるいは故意にそうしたのでなければ、店側から請求することはまずありません。

他には、ソースや飲み物がお客様の衣服にかかってしまった場合。これにはスタッフによるミスと、お客様ご自身によるミスがあります。

スタッフのミスであれば、常備しているシミ抜きスプレーや炭酸で濡らしたタオルでよく叩くなど、できる限りのことをしてから、「クリーニング代をお支払いしますのでご請求ください」と、責任者の名刺を添えて申し出ます。お客様のミスの場合も、おしぼりやタオルをお持ちし、それで拭いていただき、店側でできることは行います。

支払い時の心得

支払いはテーブルとキャッシャーのどちらかで行われます。欧米の場合は、チップが関係することもあって、テーブルで行われるのが普通です。しかし、日本ではチップの習慣がないこともあり、キャッシャーでの支払いが多いようです。

担当者がテーブルまで伝票をお持ちすれば、それはテーブルでお支払いくださいという意味です。ただし、店によってはすべての料理を出し終えたところで、その合図も兼ねて伝票をテーブルに置く所もあります。この時は多くの場合、キャッシャーで支払います。

伝票が来る前に支払いの意思表示をされる時は、スタッフに目で知らせるか、軽く手を挙げて呼び、「精算を」「支払いを」と告げてください。スタッフが伝票をテーブルにお持ちします。

明細書をよく確認

あとでトラブルにならないように、明細書には十分目を通しましょう。欧米ではそれが常識で、時間をかけてしっかり確認します。だが、わが国ではそうするのははしたないことのように思われ、ほとんどの方が明細を気にされません。

余談ですが、飲食店において、欧米の方と店とのトラブルでよくあるのが「お通し」に関してです。頼んだ覚えがないのに明細書に記載されていて、お客様は納得できません。裏を返せば、欧米の方が会計時に明細書をよく見る証拠とも言えます。ここまでする日本人はそれほどいませんから、違いがよく現れています。

ご自分が召し上がった物が正しく記載され計算されているかを確認するのは大事なことです。よく確かめて、納得した上でお支払いいただきたいと思います。ただし、あまりおおっぴらにするとお連れの方も気になるでしょうから、その配慮は必要です。

スマートな支払い方法

支払いはカードか現金ですが、最近はスマホ決済などをされる方もいます。またカードも最近は新しい物が次々に登場しています。それらが使えるかどうか、予約をする時に、あるいは店に入る時に確認しておくと安心です。

なお、現金でお支払いになる時は注意が必要です。中には大っぴらに財布からお札を取り出す方がいますが、他の方々の目にはあまり良く映りません。同席者に見えない配慮も必要です。

また、ゲストを招いた時の支払いについては、どなたも気をつかわれることと思います。ゲストを前にしてはホストは支払いづらく、ゲストもその様子を目にしてはなんとなく気づまりです。そこでお勧めしたいのが、先に「支払いはキャッシャーで」と告げておくことです。そうすれば係の者は伝票をテーブルにお持ちすることはありません。お客様は頃合いを見計らってキャッシャーに行かれると良いでしょう。あるいはゲストが席を立っている間に伝票を席に持ってきてもらい、支払いをすましょます。その機会がない時は、「ちょっと失礼」と言ってさりげなくキャッシャーに向かいます。

キャッシャーで支払う場合、お連れの方が戸惑うのが身の置き場所です。真横に立っては相手の財布や伝票に書かれた金額をのぞくようですし、離れて立ってはわざとらしく映ります。こういう時は、化粧室に行っているか、あるいはウェイティングチェアでお掛けになってお待ちになるのが良いかと思います。

チップ

欧米ではチップは当たり前で、ホテルの宿泊、レストランでの食事、タクシーの利用、中にはトイレの使用に至るまで、その従事者に対して誰もがチップを渡します。それはサービス業の最低賃金が安く設定されているためで、チップがサービス業従事者の生活の糧となっているからです。相場は、支払った金額の10~15%程度とされています。

では、わが国ではどうでしょうか。そのような賃金体制をとっていない上、食事代にはすでにサービス料が含まれています。そのため改めてチップを渡す必要はありません。

それでもチップを渡したい場合、受け取るかどうかは店側の判断となります。中にはいただかないことを方針としている所もあります。いただいても個人のものとしないで店側に納め、あとでスタッフのために利用を考えたりする所もあります。

なお、欧米でもサービスが悪い時はチップを渡さないこともあります。どんな場合でもそうしなければならないというものではないのです。良いサービスに対して渡すのがチップです。

クレームにもマナーがある

店側としては最大限のサービスを心がけますが、それでもお客様にはクレームをつけたくなることがあるかもしれません。

よくあるクレームとしては、料理が出るのが遅い、料理に異物が入っている、入るのに待たされた、騒いだり大声を出す客を注意しない、などです。お客様としては、高級レストランで楽しく食事をしようと思って来ているのに、それに水をさされ、不愉快な気分になるのですから、お怒りは当然です。

しかしそれも店側の応対しだいで、お客様の怒りをおさめていただけたりもします。店側はまず最初に「申し訳ございません」と謝ることが大事です。たとえ落ち度がなくても、そのような事態に陥ったこと、他のお客様に不快な思いをさせてしまったことに謝らなければなりません。その上で、お客様の言い分をお聞きし、対処を講じます。それが不十分だと、SNSで〝炎上〟という事態にも発展しかねません。店側ではクレームの処理は重要な課題です。

ある店でこんなことがありました。食事中に飲み物の中に小さな虫が飛び込んだのです。客側はサービススタッフを呼び、「虫が入った。ただにしろ」とクレームをつけました。

店では最初に丁寧にお詫びをした上で、それは不可抗力で店の責任とは言えないことをお話しし、代わりの飲み物をお持ちして、納得していただきました。すべて相手の言い分に従うというのではなく、責任の所在を明らかにすることもまた、店側がとるべき態度です。

なお、お客様にもクレームに際して守っていただきたいことがあります。周囲のお客様の食事を中断させるような大きな声や荒げた態度はマナーに反します。周囲の方への配慮から小声で、あるいは別の場所で係の者におっしゃっていただきたいというのが店側の願いです。

サンクスメール&レター

店側に届けられる物はクレームばかりではありません。サンクスメールやレターもあります。これは文字通り、お客様による感謝のメールと手紙です。「料理がおいしかった」「サービスが良かった」などの感想や、お礼の気持ちが記されています。

サンクスメールやレターをいただいた時は、店側としてこの上なく嬉しく、ミーティングやメールでスタッフ全員で内容を共有してよりよいサービスにつなげます。これからもサービスにより磨きをかけようと思います。

「いただきます」と「ご馳走さま」が持続可能な未来につながる

今、世界中で深刻な問題となっているのが食品ロスです。食品ロスとは、本来食べられるのに捨てられてしまう食品のことを言います。日本の食品廃棄物は年間2550万t。その中で本来食べられるのに捨てられる食品、つまり食品ロスの量は年間612万tにも達します（2017年）。

その一方で、世界中には食べる物がなくて、飢えに苦しむ人たちがいます。2018年の時点で、世界の人口は約77億人。その内の9人に1人、すなわち約8億2100万人が飢えに陥っている状況です。世界人口はその後も年々増え続けており、それだけ飢える人々も増加しています。

このような格差をなくすためには、先進国の私たちが率先して取り組まなければならないことがあります。それが食品ロスを減らすことです。目下、そのムーブメントは食品業界に広がり、さらにレストランにも及んでいます。今、レストラン業界では、食材を使い切る料理作りの流れに変わってきています。地球の資源は限られています。その中で私たちは食材を大事に扱い、その中でおいしい料理をいただく。レストランでもこの先、SDGs（持続可能な開発目標）17のゴールの2（飢餓をゼロに）と12（つくる責任・つかう責任）の達成のためにこのことを重要視しなくてはいけません。

では、なぜこれまで人は食品を無駄にして平気だったのでしょうか。それは食事をいただくことへの感謝の念が希薄だったことがあります。

「いただきます」は食材の生命を「いただく」ことからきた言葉で、食材に対する感謝の念を表します。また、「ご馳走さま」は、家庭においては家族のために買い物をして食事を作ってくれる母親などに対して、レストランにおいては、食材をおいしい料理に仕立ててくれる生産者、料理人、ひいてはサービスにたずさわるすべての人に対して感謝の思いを込めた言葉であり、意識することがＳＤＧｓにつながると思います。

身体の不自由なお客様へ

身体の不自由なお客様にも、レストランでおいしい食事を味わっていただきたいと思います。高齢者や障害を持つお客様に対してしっかりと介助できることも、レストランとして不可欠な条件です。

ここではそのようなお客様がいらっしゃった時の、店の対応について述べます。

目の不自由なお客様

なによりお声がけが大切です。いきなり身体に触れたり説明をしては、お客様を戸惑わせます。また、お客様がお持ちの白い杖「白杖《はくじょう》」は、目の代わりとなる大事な物です。触れるのは厳禁です。

席へのご案内はお連れの方が介添えをされるのならお願いし、そうでなければ店側で行います。その時は、必ず白杖を持っていない側に立ち、そのあと自分の肘の上を持っていただくか、肩に手をのせていただきます。腕をつかんだり、手を引いてはいけません。

また、席まで黙って案内するのではなく、「ホールにまいりました。ここからテーブル席です」「両脇にテーブルが並んでいます。その間を進みます」「あと2mでお席です」などと、お声がけを忘れないようにします。「あとちょっとです」「もうすぐです」などの言葉は不親切です。具体的に説明することが大事であり必要です。

メニューはお連れの方がいれば読んでいただき、そうでなければサービススタッフが行います。ただし、時間的にもすべてというわけにはいきませんので、最初にどういう物を召し上がりたいのかお聞きし、それに該当する物や、店のお勧めなどをお伝えします。

料理をテーブルに置く時は必ず料理名を告げ、お皿をお出しする時も、黙ってではなく、「失礼します。○○時の方向に置かせていただきます」と言い添えます。これはクロックポジションと言い、介護用語です。目の不自由な方にとっては、突然どこからともなく手がのびたりするのが恐怖です。事前のお声がけがなによりも大切です。

盲導犬の扱い

盲導犬に関しては、予約時にあらかじめ店に伝えておきましょう。盲導犬の入店は法律で拒否できないことになっていますが、他のお客様の中に犬アレルギーの方がおられる可能性もありますから、盲導犬を連れてのお客様には、他の方から離れた席をご用意します。

耳の不自由なお客様

外見から障害がわかりにくいのですが、手話をしている、補聴器を使用している、お声がけに反応しないなどの動作をされる時は耳に障害のある方かもしれません。そのようなお客様がおみえになった時は、ゆっくりとわかりやすく、ジェスチャーも交えるとより伝わりやすくなります。

お声がけをする時は、けっして後ろから身体に触れないようにします。話しかける時は前方に回ってから行います。

車椅子のお客様

レストランの中には、店に入るのに階段しか使えない所があり、またエレベーターがあっても、狭かったりします。車椅子で行けるかどうか、予約時に確認しておきましょう。お連れの方が車椅子を押されるのであればお願いし、そうでければサービススタッフが行います。この時も必ず先にお声がけをします。突然、動かしてはなりません。店側では車椅子が1台分入るスペースの席をお作りしてお迎えします。

高齢のお客様

高齢になると足元が弱くなりがちです。レストランには時間に十分余裕をもって出かけましょう。サービススタッフは高齢者に合わせることが大事で、けっしてせかしてはなりません。また、必要以上にお年寄り扱いするのもいけません。人生の先輩として礼儀をもって接することで、高齢者のお客様に楽しいひと時をすごしていただきましょう。

お客様をお守りする

営業中に地震や火事など、緊急事態が発生することがあるかもしれません。そのような時、お客様をどう守るか、店ではその対応を常に頭に置いていなくてはなりません。

地震

地震の揺れはだいたい1分程度で収まることが多いので、まず自分がパニックにならないように気をしっかり持つことです。揺れが大きい時はテーブルの下や柱の周囲などに身を伏せます。お客様に「テーブルの下に伏せてください」「頭をかかえてください」と指示してから、自身の安全を保ちます。厨房にいるスタッフはすぐに火の元を消します。物が倒れるほど大きな地震の場合は、周囲をよく見回し、倒壊しそうな箇所ならお客様を誘導してその場を離れ、安全な場所に移動します。

エレベータは作動していても使用しません。途中で止まって閉じ込められる恐れがあるからです。

火事

発火場所はほとんどが厨房ですから、お客様を誘導しながらその反対方向に逃げる方法を日ごろからマニュアル化しておきます。避難の際は煙が充満する恐れのない所を選びます。エレベーターは火災による停電で停止する恐れがあるため使用しません。携帯電話で情報を消防隊に知らせます。

煙は上に上がります。低い位置には比較的酸素が残っています。ハンカチやタオル、あるいはネクタイを三角状にして口にあて、頭の位置を低くし、床を這うようにして進みます。煙で視界が悪いために方向がわからなくならないように、壁を触りながら避難します。

応急手当

医師や救急隊員に引き継ぐまで店でできる処置を、〝応急手当〟ないしは〝救急処置〟と言います。ただしこの場合、店に備えてある救急箱の中の物を使ってできる範囲に限られます。よく似た言葉の〝応急処置〟は、救急隊員が行う処置と定義されています。

店で食事中に飲みすぎたり物が喉につかえて嘔吐したりするお客様に対しては、救急車を待つ間、店で介護します。スタッフが複数でお客様を囲い、他のお客様の目に触れないようにしながら別室に運び、応急手当を行います。

AED

AEDとは自動体外式除細動器《じどうたいがいしきじょさいどうき》のことで、Automated External Defibrillator の略です。突然、心停止状態に陥った心臓を正常なリズムに戻すための医療機器です。心電図を自動計測し、必要な場合は電気ショックを与えます。音声でガイドしてくれるので、店でそのようなお客様が出た時も、サービススタッフが簡単に使えます。ホテル、ショッピングモール、空港、駅、スポーツクラブ、公共施設などを中心に置かれています。

小さなお子さんは控える

これまでわが国では、食事に小さなお子さんを連れて行くことに寛容でした。少々騒いでも、店側も周囲のお客様も眉をひそめるだけで我慢しているのが常でした。

レストランは大人が食事を楽しむ場所です。欧米では各自がそう認識していますから、レストランを利用する時は、子供はベビーシッターなどに預けます。しかし、日本はその意識が低く、当たり前のように小さなお子さんを同伴したりします。高級料理店に赤ん坊を連れて来る人さえいます。しかし、幼い子供はどこであろうとじっとしていません。騒いだり、泣いたりなどします。これでは周囲のお客様は落ち着いて食事を楽しめません。

レストランは非日常の世界です。普段味わえない世界に人は料金を払い、食事を楽しみます。それが子供の泣き声や騒ぎ声で邪魔されたら、すべてが泡となってしまいます。レストランは大人だけに許される飲食の場であることを認識することが必要です。

近年、高級料理店では多くの所で子供の年齢制限をしています。「16歳以上を除き同伴不可」などと明記しています。ランチ、ディナーに関わらず、ファミリー対象の店でない限りレストランに幼いお子さんを連れて行くのは控えましょう。しかし、一応、尋ねてみてください。個室を用意している店もあるので、空いていれば利用可能かもしれません。

サービススタッフの種類

お店でお客様にサービスするスタッフは、仕事内容によって次のように分かれています。

▽支配人（マネージャー）＝全体を統括管理する店の責任者。

▽副支配人（アシスタントマネージャー）＝支配人（マネージャー）を補佐、代行。予約内容や店内状況を常に確認、指示し、お客様の送迎やテーブルへの誘導の他、苦情の処理にも当たる。

▽キャプテン＝部下の配置や、予約内容に伴う花やメニューなどの手配の他、オーダーテイキングを行い、また在庫管理や営業終了後の点検報告なども行う。

▽ウェイター／ウェイトレス（シニア）＝キャプテンの補佐、代行をし、担当ブロックの点検などの他に、テーブルサービス全般に当たる。

▽ウェイター／ウェイトレス＝テーブルのセットアップやその補助を行い、また皿を下げ、テーブルクロスなどのリネンの補助を担当する。

このような分け方以外にも、給仕長に相当するメートル・ドテル、その補佐役のシェフ・ド・ラン、ウェイターやウェイトレスに相当するコミ・ド・ランという呼び方をすることもあります。

サービスのプロフェッショナル ①
レストランサービス技能士

レストランサービス技能士とは、飲食をサービスする側に求められるサービス技能や知識の国家資格を持つ人のことです。（一社）日本ホテル・レストランサービス技能協会が全国の主要都市で実施する「レストランサービス技能検定」に合格した人に与えられます。1級から3級に分かれ、学科試験と実技試験により審査されます。合格者は、ホテル、レストラン、会館などの現場の担当者以外にも、専門学生の資格取得の指標となっています。

（一社）日本ホテル・レストランサービス技能協会は他にも、テーブルマナーの普及や、レストランサービスの技能向上のために各種講習会、企業研修、セミナーおよびコンクールなどを広く行っています。

一般社団法人　日本ホテル・レストランサービス技能協会（HRS）
〒102-0072　東京都千代田区飯田橋3-3-11　飯田橋ばんらいビル6F
TEL　03-5226-6811　　FAX　03-5226-6812

第2章　西洋料理編

メニューにも2種類

テーブルに着き、いよいよお食事です。まずメニューをお持ちします。

メニューは店の〝顔〟です。メニューを見ると、店のコンセプトが伝わってきます。デザイン一つとっても、写真やイラストを使って視覚面を強調する物から、反対にそれらを排除し、シンプルさで高級感を出す物まで、いろいろです。

メニューは、料理名の下に料理の説明が添えられているのが普通です。また、ドリンクが併記されている物、ドリンクは別メニューになっている物など、各店によって異なります。中には、白紙のメニューさえあります。お任せコースだけを提供する店で、旬の新鮮な食材を使うので日によって料理が変わり、決まったメニューに設定できないためです。

また、高級店になるほど、メニューは2種類用意されています。金額の書いてある物と書いていない物とです。書いてある物はホストに、書いていない物はゲストに渡されます。ゲストを招いての会食の場合、接待した方はゲストに値段のことで気をつかわせたくなく、またゲストも値段の入ったメニューから料理を選ぶのは気がひけます。そこで、店では値段の入っている物とない物の2種類を用意しているのです。

それだけにどの方がゲストで、どの方がホストか、支配人（マネージャー）が席にご案内するまでの間に見極めなければなりません。それを間違うととんだミスにつながります。会話のやりとり、敬語の使い方、席の譲り具合などから判断します。

メニューをお渡しする時、係の者は、ゲスト、高齢者、女性、ホストの順に、お客様の右側からお出しします。少人数の場合にはメニューを開いてお渡しするのですが、大人数だとそれでは時間がかかることから、閉じてお渡しすることが多いようです。

メニュー選びには時間をかける

欧米人と日本人の違いが現れていることの一つがメニュー選びです。欧米人はたっぷり時間をかけますが、日本人はメニューをさっと見るだけで、注文されがちです。店側としても、料理人が腕によりをかけてお作りする料理です。素材、調理法、シェフのこだわりなどを、メニューにじっくり目を通しながら読み取っていただきたい、というのが店側の願いです。そうすればよりいっそう料理への期待度が増すはずです。

食前酒を飲みながら、ゆったりとした気分でメニューを選ぶのもまた、レストランでの食事の楽しみ方の一つです。

お勧めしたい食前酒

食前酒は日本人にはなじみが薄いのですが、欧米ではごく一般に飲まれていて、女性でも食前酒を省略される方は少ないほどです。

食前酒は単に喉を潤すだけでなく、他にも目的があります。一つが、食前酒を飲みながらだとメニューにじっくり時間をかけられます。もう一つが、胃の働きを活発にすることです。食欲をわかせ、料理をよりおいしく味わえるようにします。他にも、お連れの方の到着が遅れて、テーブルに一人だけという時など、食前酒を飲みながらだと手持ちぶたさにならずにすみます。是非、食前酒をお飲みになることをお勧めします。

ところで、日本人のお客様の中には、「まずビール！」とおっしゃる方がいます。けっして悪くはないのですが、せっかく高級な店で食事をするのですから、別の食前酒をいただき、その味わいを楽しんでいただきたいと思います。

いろいろある食前酒

食前酒にはいろいろあります。よく飲まれるのがシャンパンを含めたスパークリングワイン。シェリーも人気です。中でも特にドライシェリーが食欲をわかせてくれます。次がキール、またはキールロワイヤル。キールはクレム・ド・カシス（黒すぐり）のリキュールを辛口の白ワインで割った物、キールロワイヤルはそれをシャンパンやスパークリングワインで割った物です。同じくシャンパンで割った物で、フレッシュオレンジジュースで作るミモザという食前酒もあります。これはお酒にあまり強くない女性にお勧めです。

他には、ジントニック、カンパリソーダ、マティーニ、ベルモット、マルガリータ、ブラッディマリー、パンチ、ジンフィーズなどがあります。

また店によっては、アペリティフ・メゾンといって、その店独自の食前酒を用意している所もあります。今日はいつもと違う物にしたいなとお望みの時はソムリエないし上級サービススタッフにおっしゃってください。

スープが出るまでに飲み終える

食前酒はいつまで飲み終えたらいいでしょうか。厳密にここまでという制限はありませんが、次に出てくるワインを考えると、スープが出る頃までに終えるのが良いとされます。また、お酒に強い人でなければ、食前酒は1~2杯にとどめる方がいいでしょう。それ以上だとメインのワインが十分いただけなくなる上、そのあと出される料理の味にも影響してきます。

ミネラルウォーターもアペリティフ（食前酒）?!

食前酒はアルコール入りの物とは限りません。ミネラルウォーターも食前の飲み物に入ります。カルシウム、マグネシウム、ナトリウムなどのミネラル分が豊富で、それが消化を助けてくれます。一般的に軟水から中硬水が飲みやすいでしょう。炭酸ガス入りとガス入りでない物があります。

説明ができてこそ上級スタッフ

注文がお決まりのようなら、上級サービススタッフが頃合いを見計らって席にうかがいます。アレルギーの食材がないかどうかをお聞きしてから、オーダーを取ります。その時、お客様からよく聞かれるのが、「お勧めはなんですか」「これはどういう料理ですか」という質問です。その時、きちんと説明ができないようなら、その上級サービススタッフは失格です。

あえて上級とつけるのは、その下に料理を運んだり下げたりを専門とするサービススタッフがいて、彼らが料理の説明をすることはないからです。必ず上級サービススタッフが行います。それだけに料理の説明はきちんとできて当たり前で、できなければその資格がないわけです。

コース料理に関しても、お客様にとってはふだん聞き慣れない、見慣れない料理ばかりです。内容を聞かれるのは当然ですから、上級サービススタッフは的確に説明できなくてはなりません。

ちなみに、お客様はスタッフなら誰でも答えてくれるだろうと思われて、料理を運ぶ専門のサービススタッフ（コミ・ド・ラン）に話しかけられる方がいます。先に述べたように、彼らにはその権限が与えられていないので、それは無理であることをご了承ください。

オーダーする時の心得

注文はゲストに合わせます。メニューはコースとア・ラ・カルトの二つに分かれます。どちらを選ぶかは好みによりますが、ゲストを招いての食事では、ゲストに合わせるのがマナーです。

かりにゲストがア・ラ・カルト、ホストがコースを頼んだとしましょう。コース料理は量は少なくても品数が多いのです。どうしてもア・ラ・カルトより豪華に見えてしまいます。接待する側がされる側より豪華であってはなにかとさしさわりがあり、ホストも気がひけます。その点、どちらも同じなら、そのようなことも起きません。ゲストがア・ラ・カルトをお望みであれば、ホストも同じにしましょう。

また、同じテーブルで注文がコースとア・ラ・カルトに分かれた場合、サービスをする側もしづらいと言えます。コースの場合、ワインを飲むのであれば、最後のコーヒーをお出しするまでたっぷり2時間はかかります。しかし、ア・ラ・カルトの場合は2品ぐらいならすぐお出しして終わりです。お一人はまだ食べているのに、もうお一人はすでに食べ終わっている、ということが起きます。

お一人でも召し上がっていれば、次の料理を運ばないのがサービスの基本です。しかしこの場合は仕方ないのでデザートをお出しするかどうかお尋ねするのですが、お一人はまだメインディッシュなのに、もうお一人はデザートでは、いかにもそのテーブルはアンバランスです。できればどちらかにまとめましょう。

注文は一人ずつ

複数の方の会食の場合、日本人はとかく一人の方が全員のオーダーをまとめがちです。しかし、オーダーは一人ずつ行いましょう。それでサービスする側が間違うことはありません。それよりまとめられると、そのほうが混乱するのです。「舌平目のムニエルはどなたでしょうか」と、声に出すことになり、これではファストフード店となんら変わりありません。レストランがレストランたるのは、お客様から一人ずつオーダーを受け、それをよどみなくサービスすることにあります。それがレストランの付加価値とも言えます。

ア・ラ・カルトでの料理

上級サービススタッフが頃合いを見計らって「お決まりですか」と注文を取ろうとした時、即座に、「じゃあ、コースで」とおっしゃる方がいます。もちろん店としてはありがたいのですが、ア・ラ・カルトもじっくりメニューを見ていただきたいと思います。ア・ラ・カルトには店の特徴、シェフのこだわりなどが詰まっています。

「じゃあ、コースで」と反射的におっしゃるのは、一つにはメニューの難しいカタカナ表記にあるのかもしれません。しかし、代表的な調理法だけでも覚えておけば、どんな料理かなんとなく想像がつきます。例えば、「ポワレ」は外側はカリっと内側はフワフワになるように焼くこと（今でも蒸し焼きを指す場合もあります）。「グリエ」は網の上で焼くこと。「ソテー」はバターや油を使って炒めること。「ムニエル」は小麦粉などをまぶして、バターを使って焼くこと。「ロティ」はあぶり焼き、「ポシェ」はゆでる。魚料理は「ポワソン」、肉料理は「ヴィアンド」または「ヴィヤンド」。

ア・ラ・カルトでのご注文は、まず、「これを食べてみたい」と思う物を決めましょう。例えば、おいしい牛肉を食べたい、フォアグラを食べたい、……。それを告げれば、あとは上級サービススタッフがふさわしい料理を助言してくれます。

注文に困ったら、「スペシャリテ」と書かれている物を選ぶのも一つの方法です。英語で言う「スペッシャル」、つまり、その日のシェフお勧めの料理です。一番食べていただきたい物で、店が得意とする調理法や素材が使われています。

注文される際、店側で戸惑うことの一つが、片方の方が肉料理、もう片方の方が魚料理をオーダーされることです。というのも、選ぶワインの種類が肉と魚では違ってくるからです。できるだけどちらかに絞っていただきたいと思います。

なお、メニューには載っていないが、どうしても食べたい料理があるという時は、厨房に食材があるならお作りできます。まずおっしゃってみてください。

コース料理とは

フランス料理の場合に、それを扱う店は違いによっていくつかの種類に分かれます。ミシュランの星付きのような店は「グランメゾン」、宿泊施設も備えた「オーベルジュ」、ドレスコードを設定している「レストラン」、家庭的な郷土料理を提供する「ビストロ」、飲み物と料理をカジュアルに楽しめる「ブラッスリー」、コーヒーなどの飲み物が中心の「カフェ」です。

フランス料理のフルコースは、一般的なレストランでは6~7品、フォーマルなレストランでは8品、格式の高い高級レストランでは8～13品であることが多いようです。ちなみにイタリア料理のフルコースは6品ですから、フランス料理がいかに品数が多いかがわかります。

フランス料理では、コース料理は次の順番で出てきます。突き出し（アミューズ）、前菜（オール・ドゥ・ブル）、スープ、魚料理（ポワソン）、口直し（ソルベ）、肉料理（ヴィアンド）、生野菜（サラドゥ）、チーズ（フロマージュ）、甘い菓子（アントルメ）、果物（フリュイ）、コーヒー&小菓子（カフェ&プティフール）。

これは格式の高いフルコースの例（11品）で、フォーマルな代表的フルコースはこのうち生野菜とチーズが省かれ、甘い菓子と果物の代わりに、デザート（デセール）が出されます。あとは同じ（8品）です。

さらに一般的なコースになると、上記のフォーマルな代表的フルコースから突き出しが除かれます（7品）。

では、簡単にご説明しましょう。

●突き出し（アミューズ）

日本料理のお通しに当たる物です。正式にはアミューズ・グール、アミューズ・ブーシュと言います。食前酒のために出されるとも言われます。

●前菜（オール・ドゥ・ブル）
アミューズを省略するコースの場合、食前酒といっしょに最初に出されます。
●スープ
コンソメ（透き通ったタイプ）とポタージュ（クリーミーなタイプ）などいろいろです。メイン料理をおいしくいただくために、ここで身体を温めておく、という意味合いがあります。
●魚料理（ポワソン）
淡白な味の白身魚や、イカやタコなどの魚介類がよく使われます。調理法によりムニエル、ポワレ、ソテーなどがメニュー名につけられます。
●口直し（ソルベ）
氷菓子（グラニテ）、シャーベットなど。魚料理を食べたあとの口の中をさっぱりさせ、次の肉料理に備えるための品です。
●肉料理（ヴィアンド）
牛、豚、鶏、羊、鴨、鹿、雉などの肉類を使った料理。高級店では牛肉を使用することが多いようです。
●生野菜（サラドゥ）
フルコースでは肉料理といっしょに出されることも多いです。前菜としてコースの前半で提供されたり、肉料理といっしょの皿に盛られたりすることもあります。

●チーズ（フロマージュ）

品数の少ないフルコースでは省略されることが多いです。数種類が少しずつ皿に盛られて出されますが、テーブルの前でカットして提供する店もあります。

●果物（フリュイ）

甘い菓子（アントルメ）とは別に出されることもありますが、アントルメの中にふんだんに使われることがほとんどです。

●甘い菓子（アントルメ）

ケーキ、アイスクリーム、プリンなどの甘いデザートのことです。それらのスウィーツを一皿に盛り合わせたり、一品が豪華に盛られたりします。

●コーヒー&小菓子（カフェ&プティフール）

コーヒーにマカロンなどのひと口サイズの小さいお菓子が添えられます。紅茶やハーブティーが選べる所もあります。

Viandes ⓫

Filet de Boeuf Sauté⓬ au Foie Gras Frais

特選牛フィレ肉のソテー フォアグラ添え 赤ワインソース

Steak Tartare⓭ à la Maison

特製タルタルステーキ（フィレビーフの生肉ステーキ）

Carré d' Agneau Rôti⓮ aux Herbes

仔羊肉のロースト 香草風味

Fromages Affinés ⓯

チーズ各種

Salades ⓰

Salade de Saison

季節のサラダ

Desserts ⓱

Sorbet ou Glace au Maison avec Fruits

自家製シャーベット又はアイスクリームと季節のフルーツ添え

Café, Café Espresso ou Thé

コーヒー、エスプレッソコーヒー、紅茶

❶オードブル（前菜）
魚介類、肉類、野菜類、パイ生地など多種多様の料理があります

❷ベルーガはキャビアの中でも大粒で最高級品

❸エスカロープとは薄片の意

❹森林風の意。キノコ類をソースに合わせたもの

❺温製、冷製、クリームで仕上げた物、澄んだ物などいろいろ

❻ポアソン（魚・貝類・甲殻類の料理）

❼グリエとは網焼き料理。この場合はオマール海老の網焼き

❽パナシェとは取り合わせの意。ここでは魚介類の取り合わせ料理

❾ポワレはフライパン

メニューの読み方

Hors-d'œuvre ❶

❷
Caviar Frais "Beluga" Accompagne de Crêpes(1oz.)
キャビア"ベルーガ"そば粉のクレープ添え（1オンス）

❸ ❹
Escalope de Foie Gras Chaud à la Forestière
温製フレッシュフォアグラ フォレスティエール風

Soupes ❺

Soupe d'Oignons Gratinée
オニオングラタンスープ

Poissons ❻

❼
Homard Grillé aux Petits Légumes
オマール海老のグリエ 季節野菜添え

❽
Panaché de Fruits de Mer Sauce Oursins
魚介類の取り合わせ ウニソース

❾
Trois Poissons de Mer Poêlé à la Marinière
鮮魚類のポワレ マリニエール

Le Chef vous propose ❿

おすすめ料理

や鍋で焼く料理のこと
❿シェフおすすめの料理。何を選んでいいか迷っているときなど特におすすめします
⓫ヴィヤンド（肉料理全般。家畜、野鳥、獣肉も含まれます）
⓬ソテとは炒め焼きの意
⓭ステーキタルタルは刻んだ牛肉をマヨネーズ状のソースに合わせたもの
⓮ロティとはあぶり焼きの意
⓯フロマージュ（チーズ）
⓰サラダはメインディッシュといっしょにだけでなく前菜として使われることもある
⓱食後の菓子またはフルーツ

コースのテーブルセッティング

テーブルセッティングでは、食器（チャイナ）、カトラリー（ナイフ、フォーク、スプーンなど）、グラスは置かれる位置が決まっています。一般に右利きの方用にセッティングされます。左利きの方には不便でしょうから、その時は、遠慮なくサービススタッフにおっしゃってください。すぐに並べ換えます。

以下は、右利きの方用のセッティングです。

料理用のナイフとフォークは中央のショープレート（飾り皿）の両脇に並べられます。向かって左側がフォーク、右側がナイフ。スープ用のスプーンはナイフの外側か、外側から2番目に置かれ、店によって異なります。

ナイフとフォークはどれもよく似ていますが、料理が運ばれる順に外側から取っていきます。その順番で並べられています。内側から取れば最後の肉料理が出される頃には、皿とナイフやフォークの間が空いてしまい、だらしなく映ります。また、外側からのほうが手に取りやすいこともあります。

パン皿とバタースプレッダーはフォークの左側、バターの入ったバタークーラーはその上方に置かれます。左手でパンを取り、右手でバターを塗るのにいい位置だからです。ちなみにバターナイフはバタークーラーに置かれる物を指します。

ナプキンはショープレートの上に置かれ、その上方にはデザート用のナイフ、フォーク、スプーンなどが並べられます。フォークは左手で持つので左側、ナイフとスプーンは右手で持つので右側に置かれます。

グラスですが、これは右上方に置かれます。左上方だと取りづらく、手前だと肘が当たって中身をこぼす恐れがあり、右上方の位置が最も安全で扱いやすいからです。グラスは利き手で持ち、飲んだ後、元の位置に戻します。

グラスは、シャンパン用、水用、赤ワイン用、白ワイン用といろいろあります。店によっては背の高い順であったり、使用する順であったりします。

グラスは、一番大ぶりな物（ゴブレット）が水用、細長い形の物がシャンパン用（フルートタイプ）、ワイングラスは大きい方が赤用、小さいほうが白用です。白用が小さいのは、白ワインは冷やされて出されるため、大きなグラスでは早くぬるくなるからです。

冒頭に、左利きの方に対しては、言っていただければすぐにセッティングをし直すと述べましたが、ただし、宴会などの出席者の多い場合は、一部、ご遠慮いただいています。パン皿とグラスに関しては、元の位置のままでお願いしています。これらを並べ換えると、右隣りの人の左手側にパン皿やバタークーラーが2人分並んだり、あるいは左隣りの人の右手側にグラス類が2組並ぶからです。これではその方たちに、どちらがご自分の物かわ

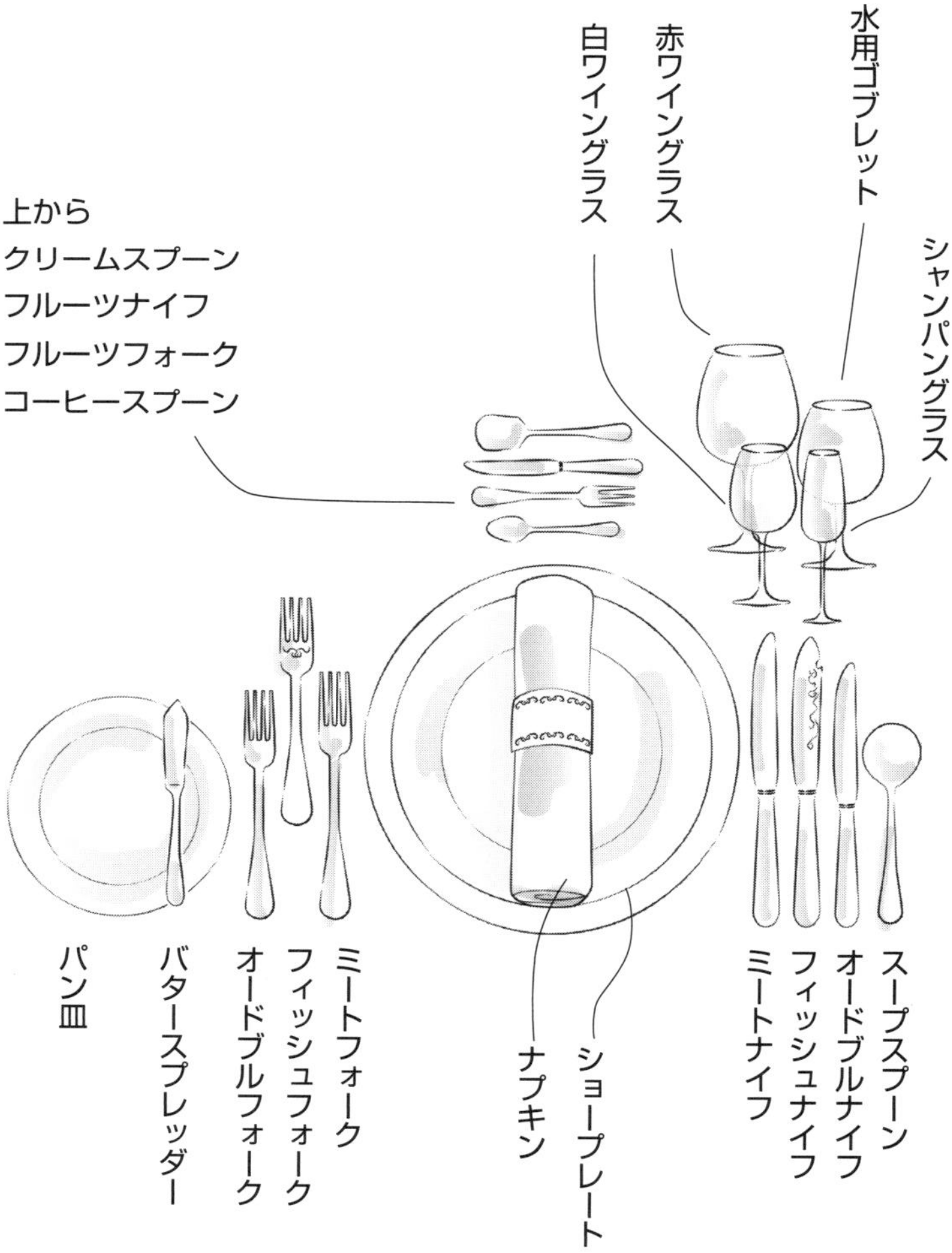

水用ゴブレット
赤ワイングラス
白ワイングラス
シャンパングラス
上から
クリームスプーン
フルーツナイフ
フルーツフォーク
コーヒースプーン
スープスプーン
オードブルナイフ
フィッシュナイフ
ミートナイフ
ショープレート
ナプキン
ミートフォーク
フィッシュフォーク
オードブルフォーク
バタースプレッダー
パン皿

からなくさせてしまいます。混乱を避けるためにも、元のままにお願いしています。

ところで、このセッティングはあくまでもコース料理の場合です。ア・ラ・カルトでは違います。もっとシンプルで、料理用のナイフとフォークが1対、赤ワイン用と水用のグラスが一つずつ、他にパン皿とバタースプレッダーが置かれるだけです。そこに注文に応じて、必要なカトラリーやグラスが順次加えられていきます。シルバーレスト（カトラリーを置く物）がある場合はそこに置きます。汚れが気になる時はカトラリーの取り換えも可能です。

また、セッティングはランチにおいても異なります。

調味料がテーブルになかったら

塩やこしょうなどの調味料はテーブルに置かれているのが普通ですが、ない店もあります。置かれていないのは、サービススタッフがうっかり忘れたのではなく、その店のポリシーと受け止めた方がいいかもしれません。つまり味に絶対の自信を持っていて、塩、こしょうを別途に望むお客様はご遠慮願いたい、という意思表示かもしれないのです。ただ、お客様の側からしたら、それは好みの問題であり、最初からテーブルに置いておくのが本当ではないかと思われるでしょう。

一般には、テーブルに調味料が置かれていなければ、どうぞ遠慮なく言ってください、というのがおおかたの店の方針です。

テーブルに置かれる調味料は一般に塩、こしょうですが、料理によっては、マスタード、ケチャップ、粉チーズなどを所望されるかもしれません。調理場にあればどのような調味料もお持ちする店がほとんどです。

ところで、料理に口をつける前から塩、こしょうを料理にかける方がいます。最初からそれらが物足りないと思い込んでいるようです。それがいけないというのではありませんが、やはりエチケットに反していると言えます。料理人が一生懸命作った料理ですから、せめて一口でも口にしてから、ご自分にとって塩気が少ないようなら塩を、辛味が足りないようならこしょうをかけていただきたいと思います。それが料理人に対するマナーと思ってください。

ナイフ&フォークの正しい持ち方

ナイフとフォークの持ち方は料理によって多少違います。肉料理の場合、身を切るのに少々力がいるので、しっかり持つためにナイフは刃先を下に向け、刃の付け根部分に人差し指をかけます。げんこつで握りしめるような持ち方はスマートではありません。

一方、魚料理は、肉料理のように切るのに力がいりませんから、ナイフの刃の付け根に指をかける必要はなく、ペンを持つように握ります。

また、フォークはいつも下向きではなく、上向きで使う場合もあります。ライスを口に運ぶ時です。お客様の中には今でもフォークの背にライスをのせる方がいますが、これだと歯の間からライスがぽろぽろこぼれ落ちる心配があります。そのため上からナイフで押さえたりします。ライスはフォークを上向きにしてすくっていただきましょう。

ソーススプーンは山から

ソーススプーンというカトラリーがあります。フィッシュスプーンとも呼ばれ、主にソースのかかった魚料理をいただく時に使います。これはちょっと変わった形をしていて、片側が山状になっています。ペンを持つ要領（ペンホールドと言う）で持ったら、身を切る時は山を上にして切り、ソースをすくう時は山からすくいます。ナイフとスプーンの二つの役目を持つカトラリーです。

ナイフ&フォークによるサイン

中座と食事終了のサインは、ナイフとフォークで示します。それを見て、サービススタッフは皿をお下げするかそのままにしておくか判断します。

まず、「まだ食べています、下げないでください」というサインは、ナイフとフォークを皿の上に八の字に置きます。八の字にして皿に立てかけておいてもかまいません。ただし、皿からずり落ちないように気をつけます。

中座する時も同じように八の字に置きます。そのサインがあると、サービススタッフは皿をそのままにして、お下げすることはしません。

食べている途中のサイン

食べ終わった時のサイン

ただし、アメリカ式は少し違っていて、ナイフは刃先を向こうにして左上から右下に斜めになるようにし、フォークは手前に横向きに置きます。これは食べ方からきています。一般には右手に持ったナイフで切り、左手に持ったフォークで口に入れますが、アメリカ式の場合、身を切ったらいったんナイフを皿に戻し、フォークを左手から右手に持ち換えていただきます。そのため、このような置き方になるのです。

食事終了のサインは、ナイフが向こう、フォークが手前になるように両方を揃えて置きます。ただし向きはいろいろです。皿の中央に真横に置くのがフランス式、中央に縦に置くのがイギリス式、中央に斜めに置くのが日本式、日本式より少し上方に同様に斜めに置くのがアメリカ式です。

ナプキンの上手な使い方

着席して最初に手に取るのがナプキンでしょう。しかし、このナプキン、いつ広げていいものか迷います。親しい間柄の会食ではいつであろうとかまわないですが、招かれた場合は配慮が必要です。ホストより先では失礼にあたるからです。ホストが広げるのを目の端に留めてから、おもむろに自分の膝に当てるのが礼儀にかなったやり方です。

ナプキンを広げるタイミング

では、ホストはいつナプキンを広げればいいのでしょうか。前菜が運ばれる前あたりと言われたりもしますが、もっと早くてもかまいません。スタッフもそのほうがサービスしやすいのです。最初ナプキンはショープレート（飾り皿）の上に置かれていますから、そのままだと食前酒を何にするか選ぶ時に邪魔になってしまいます。早く広げるといかにもお腹をすかせているようで気がひけますが、その心配は無用です。

ホストがゲストに「どうぞナプキンをお取りください」と一声かけ、ゲストはそれに従うといいでしょう。しかし、ホストの中にはなかなかナプキンを手に取らない方がいらっしゃいます。そのためゲストも広げられずにいます。その時は、サービススタッフが「ナプキンをお取りください」と申し上げます。

ナプキンは二つ折りにして膝の上にのせます。その場合、折り目が手前にくるように置くのが一般的です。こうするとナプキンの内側の左上隅で口を拭くことになり、女性は膝に戻しても口紅のあとやソースのシミが表から見えずにすみます。また、それらでお召し物を汚す心配もいりません。

ナプキンでしてはいけないこと

ナプキンは口と指を拭くために用意されている物です。それ以外に使うのはマナーに反します。ソースが洋服にかかった、カップに口紅がついたなどは、ご自分のハンカチやポケットティッシュを使用します。

ところでナプキンを首にかけたり胸に当てたりしてはいけないだろうかと、思う方がいらっしゃるかもしれません。これははっきり申し上げて、現代的ではありません。しかし、中にはお召し物にシミをつけたくないなどの理由から胸に当てたい方もいらっしゃるでしょう。着物の場合以外ではあらかじめブローチなどを用意し、ナプキンをさりげない形にしてからそれで留めておくと、中世のヨーロッパの貴族を彷彿させますね。

ナプキンによるサイン

食事中に席を立つ時は、ナプキンで意思表示をします。「ナプキンを椅子の背にかける」のがサインとされてきましたが、これは隣りの席の方の目障りになるのでやめた方が無難です。ナプキンを簡単にたたんで皿の横に置いてから席を立つのが自然です。あるいは、ナプキンを四つに折りたたんで、目の前の皿の下にはさんでテーブルから下げておくのも、スマートに映って良いでしょう。

高級店の中には、お客様が席にお戻りになる前に、ナプキンをたたみ直してテーブルの上の脇に置いたり、新しい物をご用意したりする所もあります。

食事を終えて席を立つ時は、ナプキンを軽くたたんでテーブルの上に置いておきます。

きれいにたたむと「料理に満足しなかった」との意思表示に取られるとされますが、そこまで考える店はあまりないようです。反対に、くしゃくしゃにして置くのは品がないので、「使用済み」とわかる程度に軽くたたんでおくくらいがお勧めです。

皿は動かさない

西洋料理では、どんな場合でもお客様はご自分で皿を動かさないのが原則です。皿はそれぞれの用途によって置かれる位置が決まっています。いったん置かれた場所から動かしては支障が起きます。

その点、よく見かけるのがサラダです。手元から少し離れたところに置かれているので、取りづらいということで手前中央に移動される方がいます。これはタブーです。なぜなら皿を動かせば中央のスペースがふさがります。するとサービススタッフが次の料理を置きづらくなります。もし移動させて中央をふさげば、それを元の位置に戻し、その空いたところに次の料理を置くという、二重の手間となるのです。

確かに、サービススタッフはお客様に満足いただけるようにサービスをすることが仕事です。ですが、お客様も仕事の妨げにならないように、この種の原則は守っていただきたいと思います。サラダは食べる量だけをメインの皿に取りましょう。

スープの正しいいただき方

「スープを飲む」とよく言いますが、スープはシェフがこだわりを持って作る料理です。飲むのではなく、「スープをいただく」と言うのが正しい表現です。

スープはスープボウルかブイヨンカップのどちらかで出されます。スープボウルは口の広い浅めの器ですが、ブイヨンカップは両側に取っ手がついています。主にコンソメスープに用いられます。

ブイヨンカップには手のひらにおさまるくらいの小さめのスプーンがつきます。これでいただくのは最初の一口だけ。熱いスープにいきなり口をつけてやけどをしないように、これでいただいて大丈夫かどうか確かめるのです。あとは浮き実をいただく時に使います。浮き実をスープごと口に入れては、唇の上に浮き実がつく恐れがあり、そうならないようにするためです。このあとは取っ手を持って口に運びます。利き手で取っ手をしっかりつかみ、一方の手は反対の取っ手の下側に添えます。ここだと手が熱くならずにすみます。

一方、スープボウルには大きめのどっしりとしたスプーンがつきます。それで最後までいただきます。

たっぷりある場合

残りが少なくなった場合

スープのすくい方ですが、器にたっぷりある時はスプーンで一口すくって、そのまま口に運びます。スープが残り少なくなってすくいにくくなったら、器の手前を持ち上げる（イギリス式）のが一般的です。向こう側を持ち上げては器の裏底がお連れの方の目に触れます。これは失礼にあたるというので、日本では一般的に手前を持ち上げる方法が取られます。なお、フランス式は反対に奥から手前にすくいます。

スープをいただく時、これだけはやってはいけないというのは、ズルズル音を立てることです。これはタブーです。欧米人の間で最も嫌われる行為です。

食べ終わってスプーンを戻す時は、皿の手前にスペースがあれば、口に入れたカトラリーなので、そこに横向きにして置きます。ない時は皿の中に戻します。スプーンを裏返して入れるのは間違いです。

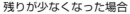

パンのマナー

舌をリセット

わが国ではパンというと、ご飯の代わりのような捉え方をしますが、西洋料理では違います。意外にも舌のお掃除的な役割をする物なのです。パンによって口の中をリセットし、次の料理に備えます。ですから、パンは料理と料理の間に食べるのが正式です。ただし、ビジネスランチでは例外で、パンは最初から手をつけてもかまわないとされています。

ところがサービスしながら拝見していますと、パンが運ばれるや空腹をまぎらわすかのように口に入れている方がいます。中にはお代わりまでされます。お代わりは何度してもいいのですが、パンが舌のリセットの役目であることを考えると、メインディッシュの肉料理が出るまで、パンはテーブルに残っていなくてはなりません。

パン皿はメインディッシュの皿と共に下げられます。その時残ったパンを慌てて口に押し込まないように、食べる量の配分には気をつけましょう。

パン皿がない時

パンは常にパン皿の上にあるとは限りません。店によってはテーブルクロスの上に直接置かれることがあります。なんとなく不潔な感じがしますが、そもそも西洋ではテーブルクロスは口を拭くナプキンの前身だったのです。そのためそこにパンを直接置いても不作法ではないと考えられています。テーブルクロスはお客様がお帰りになるたびに新しい物に取り換えます。安心して直接、テーブルクロスの上にのせてください。位置としては料理の左やや上あたり。料理の皿の上に置いてはいけません。

一口サイズにちぎる

出されるパンはバゲットが多いのですが、ちぎる際にパンくずが飛び散りやすいのが難点です。でもコツを覚えると、それも最小限に抑えられます。カリカリの外側とフワフワの内側の境目に親指を入れて割ります。この時、パンの1か所を皿につけておくと、すべらずにうまくいきます。また、パン皿の上で一口サイズにちぎれば、パンくずがあまり出ずにすみます。3センチぐらいを目安にします。

くれぐれもパンにかぶりつくのは品がないので避けましょう。

パンくずはそのままに

パンくずが出ると、お客様の中にはご自分で寄せ集める方がいらっしゃいます。その必要はありません。皿の上でちぎれば散らからないですし、もし散らかってもそのままにしておいてください。サービススタッフがダストパンという器具を持って、テーブルをきれいにします。こうしてデザートをお出しする支度を整えます。これもサービススタッフの重要な仕事の一つです。

パンでソースをぬぐってもいい

ソースを最後までいただきたいがすくえないという時、接待や両家の会食のような改まった席を除いては、パンでソースをぬぐってもかまいません。これはマナー違反どころか、調理場では「ソースを最後までこんなにきれいに食べてくださった」と大歓迎です。ただし魚料理の場合は、そのためにフィッシュスプーンがあるので、サービススタッフにおっしゃってください。

ただし、スープの場合は、パンでぬぐうのはいけません。ソースは料理につける物なので良くても、スープは一品の料理としていただく物だからです。

バターの取り方

バターの出し方は店によって異なります。１人分に切り分けた物を各自の皿にのせたり、それを共用の皿に並べたり、あるいはまとめてバター入れに詰めてお出ししたりします。

この中でまごつくのは共用の皿で出された時でしょう。5センチ四方くらいの大きめのバターが皿にぽんとのっていたら取りづらいものです。そこでお勧めしたいのが、バターナイフで縦横に切れ目を入れ、一つ分をすくって自分の皿に移すことです。こうすると他の方も安心して自分の分を口にできます。

共用の皿に入れて出される時は、必ず添えてある共用のバターナイフを使います。これで自分のパン皿に移します。パン皿がなければ料理の皿の端にのせます。そしてご自分のバタースプレッダーでバターを塗ります。もしそれがセットされていなければ、料理用のナイフを使います。共用のバターナイフで塗ってはいけません。バターはパンを一口サイズにちぎってから塗るのが本当で、塗ってからちぎるのはマナーに反します。なお近年は、バターではなくヘルシー志向からオリーブオイルも人気です。

魚料理のスマートないただき方

魚料理と一口に言っても、切り身、骨付き、一匹まるごとといろいろです。どの場合も、これだけはやってはいけないのは、裏返すことです。フィッシュナイフとフィッシュスプーンをうまく使っていただきましょう。

○皮なしの切り身

利き手にフィッシュナイフ、反対の手にフォークを持ちます。やわらかい切り身ならペンを持つ要領で、利き手と反対側から一口大に切っていただきます。

ソースのある料理だと、フィッシュナイフの代わりにフィッシュスプーンが添えられます。フォークで身を押さえ、フィッシュスプーンで同様に一口サイズに切ります。そのあとフィッシュスプーンで皿の上のソースを集め、身にかけ、からませます。この時、フォークで身を刺して口に入れてもいいのですが、基本的にはフィッシュスプーンにのせていただきます。

ソースの中でもタルタルソースの場合は、それを皿の手前に取り、好みの量を身につけていただきます。

○皮付きの切り身

皮の苦手な方は、最初に皮をはずします。フォークで身をおさえ、皮と身の間に、フィッシュナイフの先のとがった部分をそうっと差し込むようにしてはずしていきます。はずした皮は、たたむようにして皿の向こうの端に置いておきます。

皮は、身を食べたあとでいただきます。ただし、皮の薄い魚であれば、皮と身をいっしょに一口サイズに切ってもかまいません。

○骨付きの魚

舌平目のような魚の場合、まれにヒレの部分がついた状態で出されることがあります。フォークとフィッシュナイフでまずヒレを切り取り、皿の向こう側に置きます。次に、中央の背骨に沿って横一文字にナイフを入れ、身をはずします。次に、骨との間

背骨に沿ってナイフを入れる

骨との間にナイフを差し込む

にナイフを差し込んですべらせ骨をはずします。はずした骨はヒレといっしょに上方にまとめて置いておきます。あとは切り身の場合と同じです。フォークとフィッシュナイフ、あるいはフィッシュスプーンを使って一口大に切っていただきます。

一匹まるごとで出された時も同様です。

ステーキを美しくいただく

日本人にとって人気のある料理の一つがステーキです。

一般に知られる焼き方には、レア、ミディアム・レア、ミディアム、ウェルダンの４段階があります。この中でレアは、生焼けのような印象のため、食中毒の心配をされる方がいますが、表面がしっかり焼かれ、中も温かく仕上っているので安心して召し上がってください。

コツに秘密あり

まず、ナイフとフォークの持ち方ですが、日本人は皿に対して手首を水平にして持ちがちです。一方、欧米の方は手首を若干上げて持ちます。ナイフとフォークを立て気味に扱うのでスマートに映ります。心もち上の方を持つと、指も長く美しく見えます。

次が切り方です。ナイフとフォークをハの字にすると扱いやすくなります。なかなか切れない時は、肉を刺したフォークの部分にナイフが当たるようにしながら行います。ナイフとフォークの位置が離れるほど安定感に欠け、切りづらくなります。

ステーキはフォークを持つ手の側から切り始めます。右利きの方なら左側からです。一

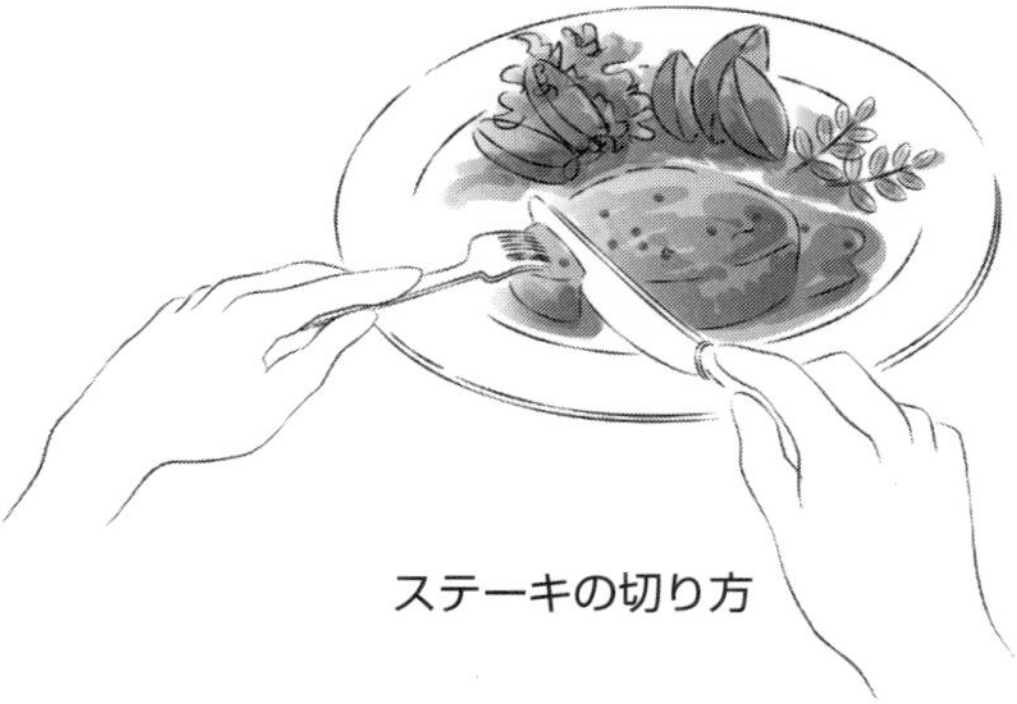

ステーキの切り方

サラダは皿に移して食べる

口ずつ切って口に入れます。最初に全部切ってしまうと、肉汁が流れ出て、おいしさが半減してしまいます。小さめのサイコロ状に切ると、口に運ぶ時も、はたから見ていて優雅に映ります。

脂身が嫌な方は残していっこうにかまいません。ただし、皿の上方にまとめておきましょう。

サラダはナイフと共に

サラダはフルコースでは肉料理といっしょに出されることが多く、また、前菜としてコースの前半で提供されることもあります。

野菜サラダをいただく時、フォークだけを使う方が多いようです。間違いではなくても、かしこまったレストランではきちんとフォークとナイフを使っていただきましょう。

お皿に移してからまず、水菜やかいわれ大根のような細い棒状の野菜は一口大に切り、少し束にしてまとめてから、ナイフを添えながらフォークで刺して、いただきます。ベビーリーフなどの薄い葉は重ねてまとめ、フォークで刺します。レタスはフォークとナイフで一口大に切ってから口に入れます。けっして大きいまま口にしないようにします。

また、ミニトマトのような丸くて転がりやすい野菜は、ナイフを当てて楯のようにしてから、フォークを刺します。こうすると転がらずに楽に扱えます。アスパラガスも同じで、コロコロ転がりやすすので、この時はトマトと同様、ナイフを楯にしながらゆっくりとフォークで刺すのがコツです。

豆類やコーンも転がりやすく食べにくい食材です。一般に食べ物はつぶしてはマナー違反なのですが、豆類やコーンに関しては別で、フォークの背中でつぶしてからすくっていただきます。

難しい肉料理

肉料理の中には食べ方が難しそうな料理があります。どう食べたらいいのでしょうか。なお、手を使う時は、フィンガーボウルかナプキンで脂のついた指をきれいにします。

○骨付き肉

骨付き肉料理には、鴨肉のコンフィ、スペアリブ、仔羊の骨付きローストなど、いろいろあります。手に持ってかぶりつきたいところですが、ナイフとフォークを使って優雅にいただきましょう。

コツは、フォークで肉を刺して固定し、ナイフを骨に沿うように入れることです。こうして骨から身を切り離します。そのあとナイフとフォークを使って一口ずついただきます。最後に身の残った骨を紙ナプキンで持ち、身を食べ終えます。

○ブロシェット

ブロシェットは串焼き料理のこと。1本の太い金串に肉と野菜が交互に刺して焼かれています。まず、ナプキンを折って利き手と反対側の手に持ち、それで金串のワッカをしっかりはさみます。次に金串を下に向けて皿につけ、肉と野菜の間にフォークを差し入れて一つずつはずしていきます。串を回しながらだと、肉が勢い余って飛び出すこともなくスムーズにいきます。

ブロシェットをいただく時に気をつけたいのは、熱い内に金串からはずすことです。時間がたつと身がしまり、肉が抜けにくくなります。はずした金串は皿の上方に置いておきます。そのあとナイフとフォークで一口ずつ切っていただきます。

○ジビエ料理

ジビエとは狩猟で得た天然の野生鳥獣の食肉のことで、シカ、イノシシ、野ウサギ、山バト、キジなどの肉が使われます。もともとヨーロッパでは上流階級の貴族の食卓にしかのぼらない高級料理で、わが国でも高級レストランやリゾートのレストランで提供されています。野山を駆けめぐり大空を舞っていた野生の動物であるため、脂肪が少なく身がひきしまり、栄養価が高いのが特徴です。

フィンガーボウルは指先だけ

フィンガーボウルは汚れた指先をきれいにするための物です。これには蟹やエビなどの料理をいただいた際の臭味を消すために、レモン水やジャスミン茶が入っていたりします。使う時は両手をつけず、片手ずつ交互に指先だけをつけ、ナプキンで拭きます。ハンカチを使う方がいますが、ナプキンは口と指を拭くために用意されている物です。この場合はナプキンで拭くのが正式です。

指先だけつける

↓

ナプキンで拭く

豊富なデザート

食事の最後に出されるのがデザートです。甘味を口にして食後の胃を落ち着かせる役割があります。古くは食後のあとに出されるチーズやアントルメ（料理菓子）を指しましたが、アントルメは、現在はデザート全般とほぼ同じ意味で使われることが多いようです。現在のデザートはアントルメとフルーツに分かれます。

アントルメには次の種類があります。

○冷たいデザート

これにはババロアやムースなどがあります。また、果物をワインやシロップで煮て冷やしたコンポートも、これに含まれます。

○温かいデザート

油で揚げるデザートとしてドーナツやベニエなどが、また、フライパンなどで焼いて作る物にクレープシュゼットなどがあります。

○ケーキ類

フランス語ではガトーと言い、スフレ、タルト、シュー、マカロンなどが相当します。オーブンで焼いて作るタイプです。種類は多彩で、仕上げ方もさまざまです。

○氷菓

アイスクリームやシャーベットを指します。原料には牛乳や生クリームの他、卵黄、果汁、砂糖、リキュール、ワインなどが使われます。特に果汁やリキュールをベースに、あまりかきまわさずつぶつぶ状に凍らせた物を「グラニテ」と呼び、シャーベットとは別に扱われます。

フルーツ

最近はコース料理の中で単独で出されることはほとんどありませんが、供される時は食べやすいようにカットされています。主にメロン、イチゴ、柑橘類、桃など。

チーズを楽しむ

最近は食後にチーズを食べる日本人が増えています。

チーズは世界に3000種とも4000種ともあると言われ、レストランでは食後に好みの物を数種類選び、食後酒と共に楽しむのが一般的です。チーズには消化を促進させる働きもあります。

種類の多いチーズですが、ナチュラルチーズは大きく七つのタイプに分かれます。

○フレッシュタイプ
ミルクに乳酸菌を加えて固めただけの、熟成させていないチーズです。イタリア原産のクリームチーズのマスカルポーネ、同じくイタリア産でピザにも使われるモッツァレラなどが知られます。

○白かびタイプ
ふわっとした白かびが表面を覆って熟成した物。口当たりが良くクリーミーで、後味がフレッシュマッシュルームに似ています。カマンベール、ブリードモー、馬蹄型をしたバラカが有名です。

○青かびタイプ
いわゆる「ブルーチーズ」と呼ばれる物です。青かびを繁殖させて作られ、ピリッとした酸味と塩味が特徴です。フランスのロックホール、イタリアのゴルゴンゾーラ、イギリスのスティルトンが世界3大ブルーチーズと呼ばれます。

○シェーブルタイプ

ヤギの乳を使ったチーズで爽やかな酸味が特徴です。ヨーグルト状のフレッシュタイプからコクのある熟成させた物まで種類は幅広く、まんじゅう型、ピラミッド型、台形、円筒形などいろいろ。「エッフェル塔」の愛称で知られるプリニー・サンピエールやサントモール、ヴァランセが有名です。

○ウォッシュタイプ

表面に特殊な微生物を植えつけ、外皮を塩水や地酒で繰り返し洗いながら皮についた菌で熟成させて作った物です。独特なアンモニア臭がありますが、慣れるとおいしいチーズです。ポン・レベック、エポワス、マンステールが知られます。

○セミハードタイプ

プレスして水分を少なくした半硬質のチーズです。まろやかな風味が特徴で、ピザ、ハンバーグ、チーズフォンデュ、オニオングラタンなどにも利用できます。ゴーダー、ルブローションが有名です。

○ハードタイプ

セミハードよりも水分を少なくした硬質の物で、成熟期間が半年から2年と長く、保存性の高いチーズです。削ってオーブン料理やパスタに使うと味にふくらみが出ます。チェダー、エメンタール、ミモレット、パルミジャーノ・レッジャーノがよく知られます。

食後酒で余韻を味わう

食事の前にいただくのが食前酒なら、食事のあとでいただくのが食後酒です。食事の余韻を楽しむためですが、他に消化を促進する目的もあります。

よく飲まれるのはブランデー、リキュール、貴腐ワイン、ポルトワイン。ブランデーは果実を主原料とする蒸溜酒のことで、コニャックとアルマニャックが有名です。また、りんごを原料としたカルヴァドス、黒サクランボからできたキルシュ、洋ナシからできたポワール、木イチゴを原料としたフランボワーズなどがあります。リキュールは蒸留酒に果物やハーブなどを入れて味や香りを移し、そこに砂糖やシロップなどを加えて造るお酒を指します。貴腐ワインは貴腐菌がついてできるぶどうから造られるエレガントな甘口ワインのことで、ポルトワインはポルトガル産の甘口ワインです。他に、イタリアのグラッパやサンブーカ、フランスのマールなどがあります。

食後酒は無理して飲む物でもなければ、だらだら飲む物でもありません。1～2杯をゆっくり楽しみましょう。

バーでカクテルを楽しむ

おいしい食事のあとに、その余韻を味わいながら、バーでひと時、カクテルを楽しむのも、粋でおしゃれです。

もちろんカクテルは食後にだけ飲む物ではなく、食前向きのカクテルはプレディナーカクテル、食後向きのカクテルはアフターディナーカクテル、時を選ばずに気軽に飲めるカクテルはオールデーカクテルと呼ばれます。

一般社団法人 日本バーテンダー協会（NBA）がカクテル・ランキングの集計結果を発表していますが、2019年度を見ると、ロング・カクテル部門では1位がジン・トニック、2位がジン・リッキー、3位がモスコミュール。ショート・カクテル部門では、1位がギムレット、2位がマティーニ、3位がサイドカーとなっています。

また、ノンアルコールのカクテルもあるので、アルコールにあまり強くない女性にも勧められます。フロリダ、シンデレラ、ヴァージン・チチ、ヴァージン・ピニャ・コラーダ、マンゴー・ラッシー、パイナップル・クーラー、フルーツ・パンチなどがあります。

イタリア料理のフルコース

わが国ではイタリア料理も人気です。そもそもフランス料理はイタリア料理が基になっています。イタリアからフランス王アンリ2世に嫁いだカトリーヌ・ド・メディシスによってマナーと共にもたらされたことからフランス料理は発展しました。

イタリア料理の場合、コースの品数はフランス料理のそれより少ないのですが、一皿の量は多いのが特徴です。

イタリア料理店もフランス料理店同様、高級な店からカジュアルな店まであります。高級な店を「リストランテ」、家庭的でややカジュアルな店を「トラットリア」、居酒屋的な食堂を「ベットラ」あるいは「オステリア」と呼びます。

フルコースは次の順番で出されます。

アンティパスト→プリモピアット（第1の皿）→セコンドピアット（第2の皿）→コントルノ→フォルマッジョ→ドルチェ&カフェ

一つずつ見てみましょう。

○アンティパスト

前菜のこと。食欲を高める役目をします。代表的な料理が「インサラータ カプラーゼ」。カプリ島風サラダの意味で、薄切りしたトマトとモッツァレラチーズに、バジリコの葉をあしらいオリーブオイルをかけた品です。また、「アンティパスト ミスト」もよく出されます。ブロスケッタやクロスティーニといった指でつまんで食べる物から、生ハム、チーズ、オリーブの実の塩・酢漬け、燻製、カルパッチョなどが盛られて出されます。また、「アンティパスト フレッド・カルド」と言われる冷前菜・温前菜もアンティパストとして知られます。

○プリモピアット（第1の皿）

ズッパ、パスタ、リゾットが出されます。ズッパとはスープのこと。野菜、豆類、パスタなどを入れて煮込んだミネストローネが有名です。ピザやニョッキも出ることがあります。ニョッキとは、団子状のパスタの一種で、じゃがいもと小麦粉の組み合わせから作られる料理です。

○セコンドピアット（第2の皿）

メインディッシュに当たるのがこれ。魚料理と肉料理に分かれます。魚料理にはアクアパッツァやフリットミストなどがよく出ます。前者は魚介類をトマトやオリーブなどと共に白ワインと水で煮込み、バジルやパセリのみじん切りをのせた料理です。後者は魚介類や野菜などの揚げ物です。

肉料理にはオッソブーコやサルティン・ボッカなどがよく出ます。オッソブーコとは、仔牛の骨付きすね肉を輪切りにし、トマト、白ワイン、ブイヨン、香味野菜などで煮込んだ料理です。サルティン・ボッカは仔牛肉を包み焼きにしたローマ料理として知られます。

○コントルノ

つけ合わせという意味。サラダや温野菜などメインディッシュにつけ合わせます。ソテーやボイルが一般的です。

○フォルマッジョ

フランス語のフロマージュ、つまりチーズです。コースに含まれないことも多いので、希望する時は別にオーダーします。

○ドルチェ&カフェ

ドルチェとはデザートや果物のことを言います。食後の胃を落ち着かせる役目をします。

代表的な物としては、パンナコッタ、ティラミス、ジェラートなど。パンナコッタは生クリーム、砂糖、牛乳を煮詰め、ゼラチンで固めた物です。

カフェは濃いエスプレッソが一般的です。リラックス効果や消化促進作用があります。カプティーノを頼むと、お腹が一杯にならなかった意志表示になるので注意を。

パスタ&ピザ

イタリア料理と言えば誰もがパスタを連想するほど、イタリア料理を代表するのがパスタです。形状や材料の違いから、ロング、ショート合わせて650種類以上もあるとされます。イタリア人にとってなくてはならない食べ物です。またピザもイタリア料理を代表します。

○パスタ

ロングパスタはひも状の長いパスタのことです。代表的な物としては、髪の毛の意味の「カッペリーニ」、糸が語源の「フェデリーニ」、ひもにその名が由来する「スパゲッティ」、細いスパゲッティの意味の「スパゲッティーニ」、平麺タイプの「タリアテッレ」などがあります。

スマートにいただくコツは、ドカッと取らないことです。できれば2、3本に抑え、皿の端でフォークに巻きつけます。その際、フォークを立てるようにするとやりやすくなります。日本ではロングパスタを食べるのに、フォークだけでなくスプーンを使う方がいますが、本場イタリアではフォークしか使いません。

一方、ショートパスタは小さくて形もさまざまです。表面にすじの入った「リガトーニ」、両端を斜めに切った「ペンネ」、らせん状の「フジッリ」、貝殻のような形の「コンキリエ」、蝶の形をした「ファルファッレ」、日本でもおなじみの「マカロニ」などがあります。

○ピザ

ピザはイタリアの南部の都市ナポリが発祥の地とされます。厚い生地はナポリ地方の特徴と言えます。この種のピザは、1ピースの両端を内側にやや丸めるようにして持つと、具が落ちず食べやすくなります。また薄い生地は、北部のミラノやローマに見られる物で、1ピースを縁から中心に向かってクルクルと巻くと口に入りやすくなります。

サービスのプロフェッショナル　②
バーテンダー

バーなどのアルコールを提供する飲食店のカウンターの中にいて、カクテルを中心に飲み物を作る職業の人を指します。スタンダードから流行の物まで無数のカクテルがありますが、それらを作るのに必要なシェーカーなどの器具を扱う技能習得に数年を有する職業です。お酒の知識に精通していることは言うまでもなく、お客様と対面で仕事をするため、すぐれた接客サービスの他、巧みな話術が要求されます。

そこで、優秀なバーテンダーを育成しようと、一般社団法人 日本バーテンダー協会では呼称技能認定制度に基づき、年齢や経験年数に応じた資格試験を行っています。

一般社団法人　日本バーテンダー協会
〒100-0006　東京都千代田区有楽町2-3-6　マスヤビル9F
TEL　03-3571-2473

第3章　ソムリエとワイン

ソムリエの役割

西洋料理では、料理に合わせてワインを注文するのも、食事の大きな楽しみの一つです。でも、いざ注文するとなると、なにをどう選んでいいかわからない、そういう方が多いのではないでしょうか。その時はソムリエのいる店ならソムリエに、いない店なら上級サービススタッフに相談しましょう。日本料理や中国料理も同様です。

すべての飲料に精通

ソムリエとはお客様のご希望を聞き、料理にふさわしいワインを選び出す専門職を指します。その時のお食事を充実したものにするために、お客様の思い出や思い入れなども大切にしながら、料理に合った旬のワイン、ベストのワインを選んでいきます。時には、ワインの持つ背景、歴史、文化など、そのワインにまつわるエピソードなどを交えてお話しすることもあります。

ソムリエはワインに関して、産地名、収穫年、品種、特徴、性格だけでなく、どの料理に合い、また合わないかを熟知しています。そこでテーブルにうかがい、ワインの好みをお聞きした上で、お客様がご注文になった料理との相性を考えながら、その料理に最もふさわしいワインを選び出します。

このようにワインが中心ですが、それだけでなくソムリエは食前酒、食中酒、食後酒と、レストランで出されるすべての飲料に精通しています。また最近は、西洋料理店であっても日本酒を扱っている所もあるので、ソムリエは日本酒にも通じています。ちなみに日本酒は近年、海外でも人気で、特に西洋料理店では大吟醸酒や吟醸酒などが料理に合うとして注目されています。

仕入れ、倉庫の管理、リストの作成

ソムリエの仕事は他にもいろいろあります。一つが、ワインの仕入れです。店で提供する料理にふさわしいワインを選び、仕入れます。また、店の客層に合わせたワインリストを作成します。

そしてもう一つ大事なのがワインの管理です。ワインが保存された貯蔵庫に足を運び、中の温度と湿度を調節し、品質が常に一定に保たれるように管理します。

実は、ソムリエはもともとワインを保存する倉庫の管理人だったのです。ワインに精通していることから表舞台に登場し、接客する今の形となったのです。ソムリエがかけている長いエプロンは、その名残です。

ただし、ソムリエはどの店にも置かれているわけではなくて、その数は少ないと言えます。ソムリエをかかえていることは、店のステータスにつながります。グレードの高い店であることのシンボル的存在がソムリエなのです。特に外国ではそうで、フランスの一流店では優秀なソムリエがいて、店の格式を誇っています。

ソムリエのいるレストランに予約をする時は、料理だけでなくワインも相談しましょう。当日その場で決めるより、あらかじめ相談しておけば、メニューにはなくても料理に合った、しかもリーズナブルな値段のおいしいワインを用意してもらえます。当日、どんなワインが出てくるだろうかと思うだけでワクワクしそうです。

どんなワインを注文したらいいか

ソムリエはワインの注文を受けると、まず最初に甘口か辛口か、好みをうかがいます。この時多くの方が、「中くらいを」とおっしゃいます。しかし、これではいくらソムリエでもご満足いただけるワインを選び出すことはできません。中くらいと一口に言っても、イタリアとフランスでは異なり、また、同じ国でも地域によって違います。それほどさまざまな味の違いのあるのがワインで、またそれが最大の特徴です。

目安を伝える

そこで「ワインのことがよくわからない」と言う方は、目安になるものを言ってみてください。自分の好みや、今まで飲んだことのあるワインを言って、それより少し甘いか辛いか、軽めか重めか、酸味のあるほうがいいかどうかなどを伝えます。それを参考に、ソムリエは料理との相性を考えながら、ワインを選んでいきます。

ワインは値段では評価できません。高いからといって上等とは限らず、安いからといって味が落ちるわけでもありません。でも、やはり価格は気になります。そこで、最初に予算を言っていただくと、それだけソムリエも選びやすくなります。もしお連れの方の前で口に出したくない時は、ワインリストを見ながら料金を指で示し、「この感じでコクのある物」「今日のメインに合う物」などと伝えてください。それで見当がつきます。ソムリエは安くておいしい、料理にぴったり合うワインを選び出すのも仕事です。これこそソムリエが最も得意とするところです。遠慮なくソムリエに相談してください。

どのワインを選べばいいかわからない時は、ハウスワインを選択するのも一つの方法です。ハウスワインとはその店が提供する料理に合わせて店独自で選んだワインのことです。グラスで出されるのが普通です。ハウスワインを飲めばその店のレベルがわかると言われるくらいです。安価なのも特徴です。

ところで、ワインに精通している方でない限り、銘柄を指定するのは控えたほうが賢明です。もしそれが店にない時に、代わりをご自分で選べない恐れがあるからです。「〇〇みたいなタイプのワインはありますか？」という程度が無難です。

ワインにかける金額

1回の食事でワインにどのくらいのお金をかければいいだろうかと、悩む方も多いでしょう。料理の半額から同額程度が適当と言えます。1人1万円の料理であれば、ワインには5千～1万円を。この設定で4人で会食をすれば、2～4万円をワインにかけるのが妥当ということになります。

ワインの豆知識

まず、代表的ぶどうの品種とその違いについて述べてみます。

●赤ワイン

●カベルネ・ソーヴィニヨン

世界で最もよく生産されている品種。深味のある色合いに、カシス、黒こしょう、シナモンのような香りと、豊富なタンニン、重厚な味わいが楽しめます。

●メルロー
熟した赤と黒の果実やキノコのような香り、ふくよかな味わいが特徴です。タンニンは豊富でも渋味は少なく、コクのある滑らかな口当たりがします。

●シラー
フルーツの香りとスパイシーな味わいで力強いワインを造り出します。

●ピノ・ノワール
イチゴ、チェリー、木イチゴなどの赤い果実の香りと黒こしょうのようなスパイシーな香りがします。酸味と穏やかなタンニンが特徴です。

●ガメイ
明るい赤紫色に、イチゴのドロップやイチゴジャムの甘いアロマとフレッシュな酸味、フルーティーさが特徴です。ボジョレーが有名です。

●白ワイン

●シャルドネ
世界の広範囲で栽培されているため、軽く酸味の強い物から、重厚で酸味のやわらかい物まで、幅広い味わいが特徴です。

●ソーヴィニヨン・ブラン

基本的に軽快で酸味が強く、ハーブ、ミント、グレープフルーツのような香りがします。

●リースリング

繊細な香りの中にコクのあるエレガントな味わいをかもしだします。

●セミヨン

ボルドー（フランス）では甘口ワインの品種として知られます。潜在アルコール度数が高く、粘着性のあるワインを生みます。その他の地域では辛口も親しまれています。

●ミュスカデ

レモンのような柑橘系の香りがあり、繊細で辛口のワインが造られます。

ワインには赤、白、ロゼの3種類があり、赤と白のワインは使用するぶどうによって違いが生まれますが、ロゼワインは製造が異なります。「ロゼ」とはバラ色のこと。黒ぶどうの果汁を使用し、発酵途中に果皮を取り出すことで、中間色のピンク色になります。ただし、シャンパンは白ワインに赤ワインを少量混ぜて造ることが許可されています。

容量と飲む順番

グラスで何杯分になるか、目安を挙げてみました。

グラスワインはグラスの大きさによりますから、1杯で80～110㎖。ハーフボトルだとグラス４杯前後、フルボトルでグラス８杯前後。マグナムボトルはボトル２本分です。

複数のワインをオーダーする時は、次のような順番で飲むと良いとされています。値段のリーズナブルな物↓高価な物、発泡性↓非発泡性、白ワイン↓赤ワイン、辛口↓甘口、軽め↓重め、若い年号の物↓熟成した物。

これはあくまでも一般的な順番です。絶対こうあるべき、というものではありません。

人気のシャンパン

西洋料理店だけでなく、パーティー会場での「乾杯」の際の飲み物として、またお祝いの席にも欠かせない飲料として、今や日本人に最も好まれるワインの一つが「シャンパン」です。最近は、日本料理店や中国料理店にも置かれ、人気です。ちなみに「シャンパン」というのは一般名称で、「シャンパーニュ」が正式な名称です。

シャンパンはスパークリングワインの一種です。スパークリングワインとは、炭酸ガスを瓶の中に封じ込めた発泡性のあるワインのことで、その中でも「シャンパン」は唯一、その名を名乗ることを許されたワインなのです。フランスのシャンパーニュ地方で、特定のぶどう品種（シャルドネ種、ピノ・ノワール種、ピノ・ムニエ種）を用い、最低でも15カ月以上の熟成と厳格な規定の下に造られます。長期熟成によって、独特の芳醇さとコクが生まれ、泡がきめ細かいのもそのためです。時間をかけて造られるので、一般のスパークリングワインに比べて高価です。

わが国ではどのスパークリングワインであっても、「シャンパン」と呼ぶのを聞くことがありますが、本来、それは間違いです。

甘辛度表示は辛口から甘口の順に、エキストラ・ブリュット、ブリュット、エキストラ・セック、セック、ドゥミ・セック、ドゥーの6段階に分類されます。

シャンパンにも種類があります。シャンパーニュ地方内の違う品種、違う畑、違う年のワインを配合して造る「ノンヴィンテージ・シャンパン」、シャルドネ種だけで造る「ブラン・ド・ブラン」、ピノ・ノワールとピノ・ムニエという黒いぶどう2種から造る「ブランド・ノワール」、良い年だけに造られる収穫年度数がついた品質の高い「ヴィンテージ・シャンパン」、最高級とされる「プレステージ・シャンパン」などがあります。

相性のいい組み合わせ

どんなに高級なワインでも料理との相性が良くなくてはいけません。相性の良い料理とワインの組み合わせを人の結婚に例えて「マリアージュ」と呼びますが、最近は「ペアリング」という言い方もよくされます。

ワインと料理のペアリング

昔から多くの美食家によって伝えられたペアリングは、例えば、フォアグラにはソーテヌルワイン、生ガキにはシャブリ、肉料理には赤ワイン、魚料理には白ワイン、……。公式のようになっています。

もっと見てみましょう。例えば、生の素材を大切にした淡白で繊細な魚料理にはすっきりとした味わいの辛口の白ワイン（アルザス産リースリング、ロワール産ミュスカデ）が、サーモンのマリネなどの料理には、素朴な味の辛口の白ワイン（ボルドー産グラーブ）がよく合います。またステーキやローストビーフなどの肉料理には、豊かなふくらみを持つコクのある赤ワイン（ボルドー産サンテミリオンなど）が適しています。グラタンやクリームシチューでは、まろやかでコクのある中辛の白ワイン（ローヌ産コート・デュ・ローヌ）がふさわしいでしょう。ボルドー産赤ワインの渋味が気になる方は、比較的口当たりが良く軽い感じのするブルゴーニュ産赤ワインがお勧めです。

このように述べると、すでにペアリングは決まっているように思えますが、そうではありません。忠実に守らなくてもいいのです。例えば、白ワインしか飲めない人が、肉料理だからといって無理やり赤ワインにすれば、食事そのものが楽しめなくなります。その時は白ワインをオーダーしてかまわないのです。魚料理にしても絶対白ワインということはありません。赤ワインが適した魚料理もあるのです。

近年では、食材やソースの色とも合わせたりします。魚も白身には白ワイン、サーモンにはロゼワイン、マグロのような赤身や脂ののった物には赤ワイン。肉も鶏肉や豚肉のような白身には白ワイン、牛肉や鴨、羊といった赤身には赤ワインを。ただし一般的には、魚料理には白ワイン、肉料理には赤ワインが良いでしょう。

また、フランス料理は素材とソースからなる料理ですから、好きな方にワインを合わせるのも一つの方法です。

このように料理とワインのペアリングには幅があるのですが、ただし、どんな場合でもこれだけは守って欲しいことがあります。重い料理には重いワイン、軽い料理には軽いワイン、です。ただし例外もあって、ビーフシチューには軽いワインが、また、香辛料が強い料理には軽いワインのほうが向いているでしょう。

魚料理には冷えた白、肉料理には室温の赤のワケ

魚料理には白ワインが合うと言われます。それには理由があります。一般的に白ワインには酒石酸、リンゴ酸、クエン酸などの酸が多く含まれます。これが魚の持つ淡白な味をうま味に換えます。冷えているとさらにそれらの酸の働きが活発になります。

一方、肉料理には赤ワインとされるのは、ワインの持つ渋味にあります。渋味を作っているのはタンニンという成分で、これが肉の持つ脂肪分とうまく調和して料理をいっそう

おいしくします。

ではなぜ、赤ワインは室温で出されるのでしょうか。赤ワインは冷やされると渋味を増し、香りも立ちにくくなります。室温でこそおいしくいただけるのです。ここで言う「室温」とは、ヨーロッパなどの冷涼な地域でのことで、日本の場合は15℃前後と思ってください。ボジョレーなどの、タンニンが少なく軽めの赤ワインの場合は、10〜12℃くらいに冷やしたほうがおいしくなります。

他の料理に合わせる時

和食がユネスコ無形文化遺産に登録され、世界的にも大変人気ですが、「和食」には日本のワインがお勧めです。セオリーから言って、その国の料理には、同じ地形と気候で育った、その土地のワインを合わせるのがベストです。

和食の場合、例えば、鰻や穴子などの蒲焼には軽い赤ワインが、薬味の入った天つゆや、塩やレモンで食べる天ぷらには白ワインやシャンパンが向いているでしょう。かぼすやゆずを使った料理にはすっきりとした酸味のある白ワインがよく合います。味噌や醤油を使った料理には軽めの赤、辛口のロゼなら安心です。鮨や刺身などとは合っても使われる生醤油そのものには赤、白どちらのワインも好ましくありません。中国料理の場合は香辛料をたくさん使った料理には赤ワイン。まろやかな味わいの料理には白ワインが合うでしょう。ロゼはどの料理にも合わせやすいです。

避けたほうがいい料理との組み合わせ

料理にワインを合わせる時、中には避けたほうがいい組み合わせがあります。例えば、舌ビラメのような淡白で繊細な味わいのある魚料理と、渋味の強い赤ワインや甘味の強いこってりとした白ワインは、ワインのほうが強過ぎて合いません。反対に濃いソースの料理にさっぱりとしたワインの組み合わせも、料理のほうがまさって良くありません。この場合はコクと豊かなふくらみのあるワインが欲しいところです。

他に食材では、数の子、明太子、干物などは基本的に生臭さが強調されてしまうので、ワインより日本酒の方が相性が良いでしょう。

思い切ってテースティング

ワインをボトルでオーダーすると、店側では、オーダーした方にボトルを確かめてもらうためにワインをテーブルまで運びます。白ワインは氷入りのワインクーラーに、また赤ワインのように室温で出されるワインは、例外を除いて籐製や金属製のパニエという籠に入れられて置かれます。

ここで店側ではホストに対して、ワインに異常がないかどうかの確認のテースティングをお願いします。初めての経験だと緊張するかもしれませんが、せっかくの機会です、テースティングを楽しみましょう。ポイントは「堂々と3回頷く」です。

○頷きステップ1
ワインのラベルを見せられた時、書かれてあるワイン名、生産国、原産地、収穫年度、アルコール度数、生産者名などをゆっくりと眺めて、ソムリエか、ソムリエがいない店なら上級サービススタッフに満足げに頷きます。

○頷きステップ2
コルクを渡されたら、それを眺めてから、ワインに接触している側の香りを嗅ぎます。異臭がしなければゆっくりと再び頷きます。

○頷きステップ3
こうして確認が終わると、グラスに少量のワインが注がれます。

そこで最初に色を見ます。次に、グラスを回さずに香り（アロマ＝ぶどう本来の香り）を嗅ぎます。そのあとグラスを4～5回回して空気に触れさせてアルコール分を飛ばし、再び香り（ブーケ＝熟成による香り）を嗅ぎます。

こうして初めてひと口、ワインを口に含み、甘味、酸味、塩味、赤ワインなら渋味を探ります。ゆっくりと口から空気を吸い、舌の上でワインを転がすようにして鼻から空気を抜きます。

これで終了です。スタッフにゆっくりと頷いて、「このワインでけっこうです」という意思表示をします。おおよそ40～50秒の儀式です。

ボディの違い

ワインによってはボトルの裏側にライト、ミディアム、フルと記載されていたりします。これはワインのボディ（コク）のことです。ライトボディとは軽い口当たりの物で、ミディアムボディ、さらにフルボディとなると濃厚で力強く深味のある味わいになります。実際、舌の上にのせると重さや厚みが感じられます。これはグリセリン（アルコール）とワインのエキス分が多いためです。一般にアルコール度数の高いワインの方が重く、低いワインの方が軽いと言えます。また、グラスを傾けてから戻して、とろっと涙が落ちるように液体が残る時は厚みのあるワインで、さらっと水のようであれば軽いワインと言えます。色でも判別でき、色の濃い物は重く、薄い物は軽いワインです。

飲む時に注意したいこと

カチンと合わせない

ご自分のグラスにワインを注いでもらう時、お客様の中にはグラスを持つ方がいます。こちらが注ぎやすいようにとの配慮でしょうが、グラスはテーブルに置いたまま持たないのが正式です。

また、注がれたあと、お客様同士でカチンとグラスを合わせるのをよく見かけますが、割れ物でもありますし、スマートにも見えません。互いに目線のあたりに軽くかかげるくらいで十分です。

グラスの脚を持つ

ワインを飲む時、上部のふくらんだ部分（ボウル）を手で持つのはいけません。必ず脚（ステム）を持ちます。なぜならふくらんだ部分を持てば、手のぬくもりによって、特に冷えた白ワイン

などはぬるくなってしまうからです。適温であってこそワインはおいしくいただけます。

また、見た目も良くありません。

一番ふくらんだ部分を上限に注ぐ

ワインはスタッフが注ぎますが、ご自分で行う時は、次の点に気をつけましょう。それは一番ふくらんだところを上限に注ぐことです。この位置は一番ふくらんでいるだけに面積が広く、それだけ香りがよく立ちます。そこでここを上限にして注げば、ワインの持つ最上の香りを楽しむことができます。

グラスの底を回して香りを味わう

ワインの香りを十分味わう方法としては、ワインを注がれたらテーブルに置いたまま底（プレート）を指で抑え、グルグル回します。中のワインが激しく揺れ、空気と調和することで瞬間香りが

広がります。ただし、これは毎回するものではありません。初回に限ります。

グラスに口紅がつきそうになったら

グラスに口紅がべっとりつくのは、見た目にも美しくありません。口紅がつきそうだなと思ったら、あらかじめナプキンを軽く口に当て、おさえておきましょう。また、同じ箇所に口をつけるようにすると、あちこちに口紅のあとがつかずにすみます。

注がれるのを断りたい時

グラスにワインが減ると、スタッフがお注ぎします。しかし、もうこれ以上飲みたくないという時は、グラスに軽く手をかざしてください。これが断りの意思表示になります。グラスを逆さまにしたり、手を振って断るしぐさはスマートではありません。

ワインが残ったら

ワインを残さず飲み切りたい時は、最初にご自分の適量を考えてオーダーしましょう。1本では多いと感じたらハーフボトルがあればそれで、あるいはグラスで注文するほうがいいでしょう。1本より少し割高になりますが、無駄が出ずにすみます。

ワインは飲み切るのがベストですが、残ると、サービススタッフからチーズを勧められたりします。チーズはワゴンで運ばれ、その中から好きな物を選びます。この時、「これとこれ」と適当に指さす方が多いのですが、せっかくですから、残ったワインに合うチーズを選びましょう。

例えば、赤ワインにはブルーチーズやレッドチェダーが、白ワインにはカマンベール、ゴーダチーズ、ピコドンなどが合います。ボルドーにはロックフォール、ポルトワインにはスティルトンといった〝黄金の組み合わせ〟もあるくらいです。ソムリエやチーズの担当者に遠慮なくお尋ねください。

ワインが残ると、お客様の中にはボトルを持ち帰りたい、とおっしゃる方がいます。お包みできなくはないのですが、少し良いワインなら、「お店の人であとは飲んで」とおっしゃるほうが粋に感じられます。

また、思い出や記念のために、あるいは気に入ったからと、エチケット（ラベル）をお望みの方もいらっしゃいます。サービススタッフに言っていただければ、はがしてもらえます。ただし忙しい時間帯では難しいので、その場合は後日お立ち寄りいただくか、ボトルをそのままお持ち帰りいただくか、どちらかのケースをとる所が多いようです。

持ち込みのマナー

高級レストランの中には、ワインの持ち込みを容認している所があります。

まず、持ち込みが可能かどうかを予約時に店に確認します。ただし、持ち込むワインはその店のワインリストに載っていない物、高価だったり貴重だったりする物であることです。赤ワインの場合はオリが混ざるのを防ぐために、店側では1週間前までには持ってきていただきたいと言います。また、複数の持ち込みはかまわなくても、最低1本は店の物をオーダーするのが店に対するマナーと心得てください。最後に少し残し、お店の人にも飲んでもらうことで、味を共有しましょう。なお持ち込み料は請求されます。

サービスのプロフェッショナル ③ ソムリエ

ソムリエとは、飲食のサービス、飲料の仕入れ、管理、輸出入、流通、販売、教育機関、酒類製造のいずれかの分類に属し、酒類、飲料、食全般の専門的知識・テースティング能力を有するプロフェッショナルを言います。

(一社)日本ソムリエ協会では、飲料の普及、公衆衛生の向上に資することを目的とし、ソムリエ・エクセレンス、ワインエキスパート・エクセレンス、ソムリエ、ワインエキスパート、SAKE DIPLOMAの資格試験を実施しています。

全国各地でワインや日本酒などの飲料に関するセミナーを開催し、飲料の普及にも努めています。

一般社団法人　日本ソムリエ協会(JSA)
〒101-0042　東京都千代田区神田東松下町17-3　JSAビル2F
TEL　03-3256-2020　FAX　03-3256-2022

第4章　日本料理編

玄関でのマナー

日本料理店でのお食事は、座敷と椅子席に分かれます。

まず座敷から。ここでは最初に靴を脱ぎます。高級店では下足係がいるので、靴を脱いだらそのまま上がってかまいません。下足係が片づけます。下足係がいない場合は、靴を脱いで上がったら向き直り、靴の向きを直します。脱ぎっ放しはいけません。

この時、お客様の中には後ろ向きに脱がれる方がいます。これは、向き直って靴の向きを直さずにすみますが、日本料理店に限らず、日本家屋の玄関では、この行為は正しくありません。迎える相手に背中を見せることになるからです。上がったら向き直り、靴の向きを直すのが正式です。なお座敷に上がることがわかっている会食では、素足で上がることはマナー違反です。ひも靴やブーツなどの脱ぎにくい靴は避けたほうがいいでしょう。

玄関ではコートも脱ぎます。クロークがあればクロークに預け、なければ座敷まで手に持って行きます。帽子は男性なら玄関で取りますが、女性はお部屋までかぶっていてもかまいません。着席する時か、座敷の入口でお取りください。

座敷でのコートの置き場所ですが、普通は部屋の隅に「乱れ箱」と呼ばれる木製の底の浅い箱が用意されています。コートなどの衣類を置くための物で、食事中に脱いだ背広などもそこにたたんで入れておきます。

背広を脱ぐのは刺身が出る頃と思ってください。それまでは我慢です。前菜、吸い物が出る頃は、会食者はまだどことなく緊張しています。刺身が出る頃だとお酒も入り、気分もほぐれています。くつろいだ雰囲気にもなっていますから、この頃なら脱ぎやすいですし、他の方たちに対しても失礼にあたりません。

椅子席の見映え良い姿勢

椅子席に通されたら、椅子には左側から入るのが基本とされますが、左利きの方やテーブルが壁にくっついている場合は、その限りではありません。

食事を終えて席を立つ時は、使った椅子はテーブルの中に押し込んでおきます。立ち上がったまま椅子を戻さず立ち去るのは良くありません。誰の目にもだらしなく映るので気をつけましょう。

椅子席はテーブルだけでなく、カウンターの場合もあります。テーブル席と共に設けられていたり、鮨店などのようにカウンターだけという店も多くあります。椅子の入り方や出方は前に述べたのと同じですが、食事をいただく間の振る舞いについては心がけておきたいことがあります。カウンターの中にいるスタッフから見えていないようでも、驚くほどよく見えているからです。

その一つが姿勢です。つい横の方とおしゃべりに夢中になるあまり、肘を椅子の背もたれの上にのせて身体をねじるようにして座ったり、足を組んだりなど。このような姿勢はどなたの目にもみっともなく映ります。また椅子を斜めにして座る方がいますが、後ろを通る人の邪魔になったり、ぶつかったりします。これも気をつけなくてはなりません。まっすぐ座りましょう。

男性は椅子にもたれて座っても様になる方がいますが、女性は見映え良くありません。座席に半分くらい腰かけ、背筋を伸ばして座ります。スタッフにも一番見映えの良い姿勢は、頭はあまり上げず、少し胸をはって、15度くらい前傾した状態です。

また、カウンターに肘をついて召し上がる方も、だらしない振る舞いに映ります。

上座と下座

プライベートの食事では問題はなくても、ゲストを招いての会食ではホストはなにかと気をつかいます。その一つが座席でしょう。招いたほうがゲストより上座に座ることがあれば問題です。そこでゲストに失礼にならないように、上座と下座の位置をきちんと覚えておきましょう。

上座下座の位置は部屋の造りによって違います。床の間があればわかりやすいのですが、ない場合もあります。また、庭に面していたりいなかったりと、ぱっと見て判断できる物がないこともよくあります。しかし、どんな部屋でも、上座と下座は存在します。目安となるのは次のような場合です。

上座は、床の間に近い、宴席の正面、入口から遠い壁側、正面に向かって左側、庭の良く見える席。このような場所は上座となります。下座はその反対です。床の間から遠い、入口に近い、窓を背にする、廊下に近い、正面にむかって右側。このような場所は下座になります。

上座と下座が最もわかりやすいのが床の間です。座敷に床の間があれば、その前が上座です。主賓に座っていただく席です。ただし部屋の造りによっては、床の間の前に横一列に並んで座っていただくケースもあります。その時は列の中央が主賓席になります。その右側が次の主賓の方、左側がその次の主賓の方、以下同様です。

並んで座る時は、必ず右側が上座です。男性と女性の場合

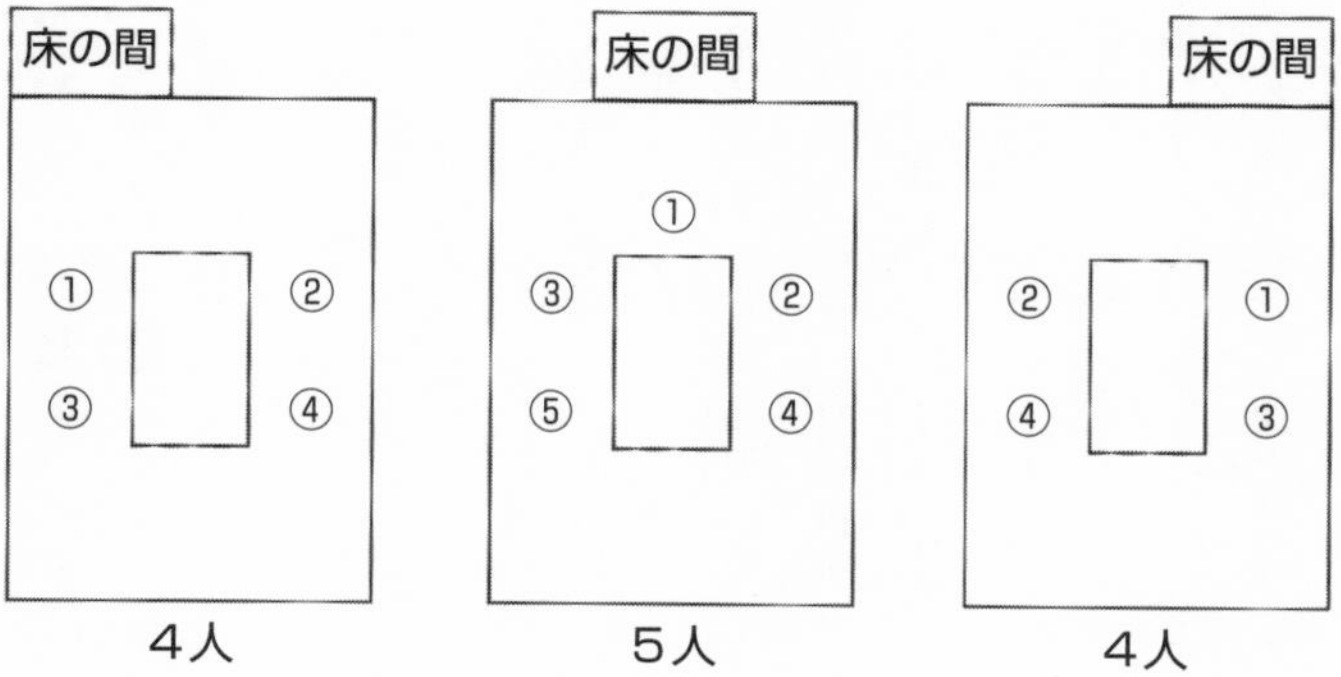

は、一般に男性が右側、女性が左側です。しかし、これはあくまでも一般論です。外国の方を招待した場合や、ゲストが女性である場合は、これに準じないことも頭に入れておきましょう。座敷でご夫婦で向かい合う場合は、西洋の文化と違い、男性が上座のほうがしっくりいくかもしれません。

座敷での立ち居振る舞い

近年は日本建築も畳の部屋が少なく、中にはすべて板張りという家もあるくらいです。それだけ畳での所作に慣れない人が多く、畳の席での振る舞いが間違っていたりします。日本料理店で座敷に通された時の、覚えておきたい立ち居振る舞いについてご説明します。

まず和室を歩く時に関してです。一つが、敷居や畳の縁（家紋が入っている場合がある）、継ぎ目を踏まないことです。部屋に入る時は、下座の足（床の間から遠い方）から、退席する時も下座の足で敷居をまたぎます。

次が座る時の姿勢です。まず、背筋を伸ばし、両膝を折り、垂直に静かに身体を沈めます。猫背になったり手をついたりしないように注意します。足がしびれないためのコツとしては、体重を左右の足に均等にのせることです。両膝を合わせ、足の親指を重ねます。

座布団の表と裏

座敷では座布団が出されますが、これにも正しい使い方があります。

座布団にも表と裏があります。中央に糸で房がついている方が表です。また前後の別もあり、縫い目のない方が前にきます。つまり座る人の膝側にきます。

座敷にあがって挨拶をする時は、座布団に座ったままは不作法です。座っている時でも必ず座布団から下りて行います。また、どんな場合も座布団は踏んではいけません。またぐのもマナーに反します。

また、座布団を他の人に譲ったりする時、裏返して相手に差し出す方がいますが、これは正しくありません。なぜなら座布団には裏表があるからです。ひっくり返せば、座布団の裏面が現れてしまいます。裏返す必要はありません。

懐石料理と会席料理

日本料理は大きく四つに分かれます。本膳料理、懐石料理、精進料理、会席料理です。ただし、室町時代に始まる本膳料理は、今では、前もって一部の料理を膳に出して置く屋形船などに名残を留めてはいますが、いくつもの膳を出すことが日本人の生活リズムにだんだん合わなくなったことで、現在は会席料理へと様子を変えています。みなさんが日本料理店で召し上がる機会の一番多いのが、この会席料理でしょう。

そこで現代では、日本料理と言えば、懐石料理、会席料理、精進料理の三つを指します。精進料理は鎌倉時代に禅宗の修行僧のために作られたのが最初で、今に伝わっています。肉、魚などの動物性たんぱく質を一切摂らない料理法です。一般には、精進料理を看板に掲げる店は少ないと言えます。

では、懐石料理と会席料理を見てみましょう。

二つの違い

懐石料理は、豊臣秀吉の時代に茶人の千利休によって確立された茶懐石のことを言ったもので、茶道で茶事の時に出される料理を指します。主役のお茶をおいしくいただくために用意される料理ですから、本来、簡素で、一汁三菜が基本です。ご飯、汁物、向付け、煮物、焼き物をでき立てでお出しするのが特徴です。このあと箸洗い、八寸、湯桶（湯次）、香の物が出ます。

ちなみに現代、日本料理店や旅館・ホテルなどで「懐石」の名を掲げて出される豪華な料理は、本来の茶懐石の懐石料理ではありません。

懐石料理がお茶をいただくための料理であるなら、会席料理はお酒を飲むために、それぞれの料理店で組み立てられる料理のことです。料理のほとんどをテーブルに同時に並べ、吸い物や茶碗蒸しなどの温かい物だけ、あとから出したりします。

しかし、これでは刺身は生ぬるくなり、焼き物は冷めてしまうという不都合が起きます。料理を存分に味わっていただきたい席には向かないということで、一品ずつお出しする形式が考え出されました。それが「喰い切り料理」です。高級料理店などで供されます。

会席料理の献立

ここでは会席料理の中でも喰い切り料理の献立についてお話しします。出される内容は順番に次の通りです。

・先付け（先附、突き出し、お通し、箸染め）
・前菜（前肴、膳向）
・吸い物（お椀、箸洗）
・刺身（差し身、造り、造り身、生もの、向付け）
・煮物（炊き合わせ、焚合わせ）
・焼き物（鉢肴）
・揚げ物（油物）
・酢の物

涼月の馳走（七月十五日〜八月三十一日）

一、先附　蜀黍豆腐
　　あすぱら・山菜
　　　美味あん

一、前菜　いか鮎子塩辛和え
　　八幡巻穴子
　　茗荷寿し
　　辛子黄身ずし蓮巻
　　翡翠銀杏松葉刺

一、吸物　羽二重すっぽん
　　かちむ餅
　　白髭葱
　　　露生姜

一、造り　すずき洗い
　　まぐろ切重
　　烏賊磯辺造り
　　　花穂、紫芽
　　　わさび

一、冷製
　煮物　桔梗冬瓜
　　石川芋白煮
　　プティトマト
　　南瓜
　　茄子色煮
　　　針生姜

●先附／お通し、突き出しともいいます。量も少なく、濃厚な物や香りの強い物は好まれず、一般的には和え物・浸し物などが用いられます。珍味を少量だすことがあります

●前菜／季節感を盛り込んだ料理の最初にだされ、前菜が失敗すればあとの料理すべてが死んでしまうというほど重要な物。前菜がでれば八寸はでないのが普通です

●吸物／野菜椀の清汁（すましじる）、鯛や蛤を使った潮仕立（うしおじたて）などがあります

●造り／まぐろのとろ・赤身による重ね造り、鰹や鯵によるたたき造り、はまちや鯛の姿造り・うす造りなど。他に、かれい、いか、たこ、こち、ふっこ、とり貝、ほたて貝、あわび、ひらめが使われます

●冷製 煮物／関東では煮物、関西では炊き合せといいます。わらび、かぶ、大根、里芋、筍、高野豆腐、腹子などを使った含ませ煮、鯛のあらを使ったあら焚きなどがあります

●焼物／鯛・鮎・かれい・ますなどの塩焼、かれい・甘鯛の酒焼、また、さわら・まなかつお・鯛の白味噌焼、ぶり・あいなめの照焼、鳥の塩焼き・たれ焼きなど

献立の読み方

一、焼　物　鮎塩焼
　　　　　　木の葉生姜
　　　　　　　　　　　　蓼酢
一、箸　休　青梅蜜煮
一、揚　物　鱚梅ヶ香揚
　　　　　　川えび素揚
　　　　　　獅子唐
　　　　　　　　　　　　すだち
　　　　　　　　　　　　一味卸し
　　　　　　　　　　　　天つゆ
一、酢の物　細巻えび
　　　　　　魚素麺
　　　　　　蒸しあわび
　　　　　　蓴菜
　　　　　　オクラ
　　　　　　　　　　　　すり柚子
　　　　　　　　　　　　美味汁
一、御　飯　生姜ごはん
　　止　椀　野菜もの
　　香　物
一、果　実　季節果実
一、甘　味　くずきり
　　　　　　　　　　　　千秋楽

●箸休／箸休は中皿ともいわれ、口直しの意味でだされる料理です。ごく薄い味つけのもので、夏は冷やし鉢としてだされることもあります

●揚物／会席料理では、鯛・ます・おこぜ・かれい・はも・海老・季節の野菜のから揚げが主体となっています

●酢の物／赤貝・あわび・かきなどの貝類、白身魚、小海老、こち、こはだ、なまこ、きゅうり、わかめなどが使われます

●止碗／止碗とは味噌汁のこと。味噌には、赤味噌、白味噌、信州味噌などをあわせた、合わせ味噌が主に用いられます

●香物／なら漬けなどのかす漬け、味噌漬け、福神漬けなどのしょうゆ漬け、たくあん漬けなどのぬか漬け、紅生姜などの酢漬け、一夜漬けなどの塩漬けがあります

●果実／水菓子ともいいます。季節の果物が食べやすくしてだされます

●甘味／西洋料理のデザートにあたるもので、おしるこやまんじゅうなどがだされます

・ご飯
・止椀（汁物、留椀）
・香の物
・水菓子

この他にも、口替わりや蒸し物を加えて、さらに豪華な献立に仕立てることもあります。

先付けはお通しとも突き出しとも呼ばれます。料理の最初にお酒と共に出される、いわゆる「酒の肴」です。

前菜は先付けを指すこともあれば、先付けのあとに出す数種類の酒菜盛りにこの名を使うこともあります。

吸い物は汁物と違い、ご飯のためではなくお酒のために出されます。だしが決め手の薄口で仕立てられています。

刺身は魚介を美しく盛り合わせた品で、関西では白身魚が、関東では赤身のまぐろなどが好まれます。二種盛り五切れが基本ですが、今ではその数が増えています。

煮物は関西では炊き合わせと呼ばれます。海の幸、山の幸、里の幸などの、季節の食材が彩り良く盛られます。

焼き物は尾頭付きの姿焼きか切り身の焼き魚が一般的です。

揚げ物には基本的に天ぷらは入らないのですが、現代の会席料理では天ぷらが揚げ物を代表するまでになっています。

ここでメインの料理はおしまいとなります。

酢の物以下は、次の「会席料理のいただき方」の中で詳しく説明します。

会席料理のいただき方

一般的な会席料理の各品に沿って、いただき方の作法を見ていきましょう。

○先付け

先付けは献立の最初に出される料理です。和え物や珍味など、季節の品が少量出ます。いただく前にまず器、次に盛り付けの美しさ、次に料理の技巧を楽しみます。もてなす側が趣向を凝らし、季節感を盛り込んでいるのが先付けですから、その思いに応えることもいただく側のマナーと思ってください。

いただくのに決まり事はありませんが、小さい物は手に持っても良く、また汁気のある物は手に取っていただきます。

○前菜

季節の物を彩り良く盛り付けた一皿が前菜です。食べる順番はありませんが、自分から見てまず左側を、次に右側を、最後に中央に箸を入れるのが、理にかなった美しいいただき方です。器の左側には薄味の物が、右側には比較的濃い味の物が置かれています。

前菜は先付け同様、すべてお酒のためのおかず、つまり酒菜です。お酒と交互にゆっくり味わいましょう。

○吸い物

日本料理において吸い物は刺身と同様、季節を表す重要な一品です。次の五つの要素から成っています。椀種（主役となる具材）、椀妻（脇役となる具材）、青味（青物や葉物野菜など）、吸い地（汁その物。すまし仕立て、潮仕立て、味噌仕立てなど）、吸い口（薬味）です。吸い物は、蓋を開けた時になんとも言えないいい香りがします。香りも存分に味わってください。

汁と具は交互にいただくのが基本です。木の芽などの吸い口は箸で椀の手前に押さえます。吸い物をいただく時、箸を手に持っても悪いわけではないのですが、椀の下に軽く添えたほうが上品です。具を口にする時だけ使うようにします。終わった蓋は元に戻します。蓋を裏返して重ねておくのは誤りです。

日本料理ではそば、とろろ、もずくは音を立てて食べても良いのですが、吸い物は立てないのがマナーです。

蓋を開ける作法

利き手が右手ならまずお椀の縁を左手でおさえます。右手の親指と人指し指で蓋の糸底をつまみ、他の指で本体を支えます。つまんだ蓋を〝の〟字を書くように回して露を切りながら開けます。蓋に左手を添え、糸底を下にしてお椀の右手上に置きます。

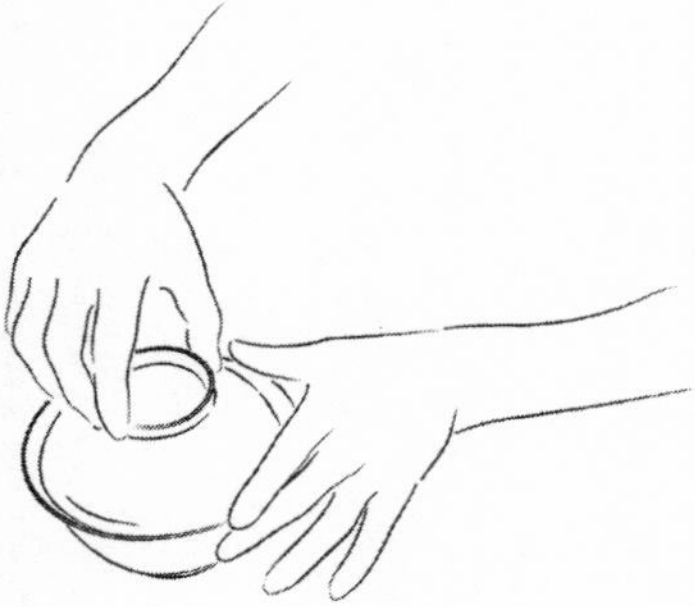

↓

椀が開かない時は慌てますが、漆器なら両手でお椀全体を締めつけるようにすると、かすかにお椀がゆがんでそこから空気が入り開きます。無理だと思ったら、お店の人にお願いしましょう。絵柄のある器の場合は、絵柄を少しずらしてから口をつけます。

○刺身

旬の魚介類が2、3種、赤白黄の3色を基本に一皿に盛り付けられています。食べるのに決まり事はありませんが、淡白な物から濃厚な物へと移っていったほうが素材の持ち味をよりおいしく味わうことができます。左側に淡白な白（白身やイカなど）、右側に黄（貝やハマチなど）、向こう側に脂ののった赤（マグロ、カツオなど）の順で盛り付けられています。

わさびはネタにつける

わさびはネタの方に直接つけたほうがいいでしょう。醤油に溶いてしまうと味が一定になり、それ以上自分の好みの味にできなくなるからです。その点、ネタに直接つければ、そのようなことも起きません。

醤油はかつお節から作られる土佐醤油が一般的で、他に酢醤油、ポン酢醤油、梅肉醤油、納豆醤油、辛子醤油など、変わり醤油もあります。

妻にも意味がある

刺身には妻がつきものです。下に敷く「敷き妻」、花穂のような「穂妻」、赤芽や紫芽のような「芽妻」、大葉などがあります。妻とよく似た物に、けん（大根、人参、ウドなどを千切りにした物）や辛味（山わさび、辛子、生姜など）、掻敷《かいしき》（梅、桜、笹の葉、もみじ、寒椿。祝い事なら南天の葉など季節の花の枝や木の葉など）が添えられたりもします。妻やけんは単なる飾りではなく、魚の臭味や脂を取り除くための他、殺菌や抗菌作用があり、刺身とは別に口に入れるのが本当です。消化促進や口をリセットさせるので、全部食べるのが良いとされます。

○煮物

肉じゃがのように、具材をいっしょに煮て作る物を「煮物」と言いますが、それによく似た物に「炊き合わせ」があります。これは食材を別々に煮て、一つの器に煮汁を張って盛り付ける物で、関西で多く見られます。保温のために、一般に蓋付きの器が使われます。

煮物は季節の食材、特に野菜をたっぷり使って作られますが、その中には里芋のようにツルツルすべって箸で取りづらかったり、あるいは汁気が多かったりして、器を膳にのせたままでは口に運びにくい物があります。そのため素材を箸で突き刺したり、箸を一本ずつ手に持って、ナイフ・フォークのようにして切る人がいますが、これはマナー違反です。

煮物碗は手に持ってかまいません。また、蓋を受け皿にすることも許されています。立派な受け皿になります。

煮物は薄味に仕立ててありますから、煮汁は飲み切っても良いとされています。

○焼き物

焼き物と一口に言ってもいろいろあります。塩焼き、照り焼き、幽庵焼き、木の芽焼き、奉書焼き、杉板焼き、西京焼きなど。

焼き物は盛り付けに決まり事があります。尾頭付きの場合は、頭が左側、腹が手前にくるように置きます。「海腹川背」と言う板前用語があるように、川魚に関しては、背が手前、腹が奥にきます。切り身の場合は、皮の付いた方が向こう側にくるように置かれます。いただき方も、尾頭付きと切り身とでは違います。

・尾頭付きの場合

魚をひっくり返すのはタブーと心得てください。背側から箸をつけ、上身をほぐしていただきます。そのあと懐紙で頭を押さえ、箸で骨をはずします。はずした骨は魚の向こう側に置きます。下身を食べ終わったら頭や骨はまとめておきます。

※「懐紙」とは、和服の懐などに入れておく和紙のことで、さまざまな場面に使うことができ、特に日本料理店に行く時に携帯すると、なにかと便利です。

・切り身の場合

尾頭付きと違い、食べやすいように大きな骨などは除かれて調理されています。利き手の反対側から、一口ずつ箸で切っていただきます。

焼き物にすだちやかぼすなどが添えられていたら、利き手の指で切り身の上から搾ってかけます。

○揚げ物

揚げ物には「素揚げ」「唐揚げ」「衣揚げ」などいろいろあります。揚げ物の素材は旬の魚や野菜です。

揚げ物は揚げたてが一番です。サクサクして歯ざわりが良く、何とも言えずおいしいものです。それを会話に夢中になるあまり手をつけずにいたら、せっかくのアツアツがさめてしまいます。料理人をがっかりさせないように熱い内にいただきましょう。

○蒸し物

魚介類を中心に他の食材と組み合わせて蒸して作る料理です。「茶碗蒸し」「土瓶蒸し」「酒蒸し」「かぶら蒸し」「信州蒸し」などがあります。その内の茶碗蒸しと土瓶蒸しのいただき方についてご説明します。

・茶碗蒸し

箸やスプーンを器の淵に差し込み、ぐるっと一周させて器からはがすのがコツです。だし汁と具材を混ぜて食べるのが正しく、不作法にはなりません。

・土瓶蒸し

土瓶の中に具材とだし汁が入っています。一般に、蓋の上にお猪口が伏せられ、その上にすだちがのせられて出されます。すだちは先に土瓶の横に移しておきます。だし汁をお猪口に注ぎ、すだちを搾ります。香りを楽しんだら、土瓶の中の具をお猪口に入れます。だし汁と具を交互にいただきます。

○酢の物

基本的に献立の最後に出されます。揚げ物のあとにくるのには理由があって、油っぽくなった口の中をさっぱりさせるためです。「二杯酢」「三杯酢」「黄身酢」「土佐酢」などがあります。

○ご飯

お酒が一段落したところで、仲居さん（サービススタッフ）が「お食事になさいますか」とお尋ねします。もし飲み続けたい意向であれば、調理場に追加料理を頼む必要があります。「ご飯」に進むと、止椀、香の物が用意されます。献立によっては、お茶漬け、雑炊、うどん、蕎麦などが供される場合もあります。ここでほうじ茶が出されます。お食事になった時点で、お酒はおしまいになります。

配膳は左にご飯茶碗、右に止椀と呼ばれる味噌汁、お膳の向こう側に香の物が置かれます。なお、ご飯の代わりに、雑炊、うどん、蕎麦などが出される場合は汁物は出ません。

ご飯にも正式ないただき方があります。まず利き手で器をおさえ、反対側の手で蓋を開けて、上向きにします。利き手で蓋を一度持ち、反対の手で上から持ち換え、お膳の左側に上向きにして置きます。次に止椀の蓋を、吸い物と同じ要領で開け、蓋を上向きにしたままお膳の右側に置きます。

まずご飯を一口いただいてから止椀、香の物へと進みます。終えたら、ご飯、止椀の蓋をします。その際、絵柄も合わせます。

○水菓子

最後に出されるのが水菓子です。水菓子と聞くと、水ようかんなどを連想しますが、果物を指します。ただし今は、アイスクリーム、和菓子、葛切りなどが出されたりもします。

水菓子にはスプーン、フォークが添えられます。まず利き手ではない手を器に添え、利き手側から一口ずつ口に入れます。日本料理では基本的に左側から手をつけますが、スプーンやフォークのような西洋料理で使用される物を使う場合、利き手と反対側に器を持ち、すくって口に運ぶのが自然です。右手が利き手なら、右側からいただくことになります。

↓

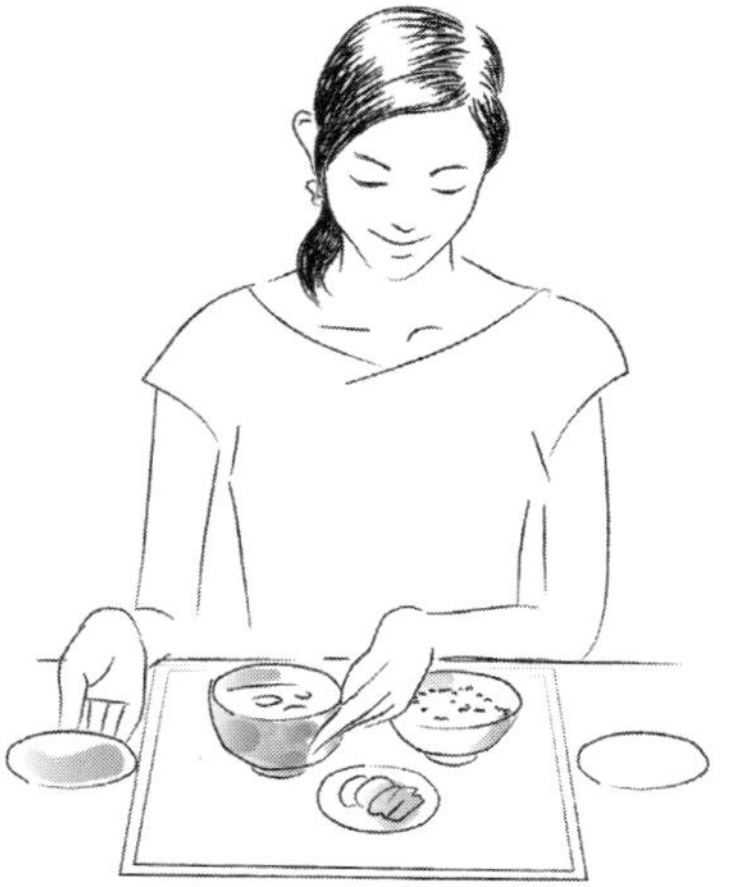

食べにくい魚料理は手を使って

日本料理には、特に魚料理で食べにくい物があり、箸でいただくのが難しかったりします。その時、手を使っていいものかどうか迷いますが、手を使うのは不作法ではありません。むしろその方がうまくいく場合があります。

○鮎の塩焼き

夏の味覚を代表する料理ですが、食べにくいのが難点です。手を使って上手にいただきましょう。懐紙を使って手で頭を押さえながら、先に尾ビレ以外のヒレを箸ですべて取っておきます。身の上を2、3か所箸で押さえてから、箸で尾を切り取ります。箸で身を押さえながら、頭をゆっくり引っ張っていくと、骨が抜けます。

○真鯛の酒蒸し

魚の頭の部分（兜）を使った料理では箸と共に手も使います。目の周りや骨の周りは、箸だけでは不安定でうまく身がとれないはずです。「手を使わないと鯛兜のうまさはわからない」と料理人が言うほどですから、堂々と手を使ってください。

○殻付き車エビ
車エビの塩焼きは香ばしくおいしいものですが、まず殻をはずさなければなりません。両手を使って行います。はずした殻は皿の奥にまとめて置いておきます。身だけになったら片手で押さえながら箸で身を切っていただきます。

鉄板焼きを知る

海外からのお客様が多いホテルなどで目立つ日本料理と言えば、鉄板焼きです。

１９５０年代から60年代にかけて関西で生まれ関東に伝わった物です。お客様の目の前で調理して仕上げるというスタイルが外国のお客様に好まれ、広まっていきました。椅子席なので畳に座るより楽で、それでいて箸で食べる日本スタイルが人気に拍車をかけたようです。また、世界に誇る和牛が使われ、そのおいしさが外国のお客様に衝撃を与え、不動の人気料理が「ＴＥＰＰＡＮＹＡＫＩ」です。

対面式のスタイルは鮨や天ぷらの店でごく普通に見られます。しかし、カウンターの場合、客席との間には段差があって料理人の手元をすべて見ることができません。その点、鉄板焼きは客席からすべて見えるように造られ、お客様は料理人と会話をしながら、好みに合わせた焼き方や味つけを頼めます。それだけに料理人は単に料理を作っていればいいのではなく、お客様との豊富な会話能力が求められます。

鉄板焼きには野菜類、アワビやエビなどの魚介類も使われますが、メインはなんと言っても牛肉です。焼き方の好みが決まっているなら、伝えてかまいません。また、特に上等な肉というアピールを受けた時は、お任せしてみるのも一案です。一番おいしい食べ方を料理人から直接教えてもらえるのも、鉄板焼きならではの良さです。

ペース配分に注意

すべての食材は一番おいしい状態で、お客様の前に焼いて出されます。それを、会話に夢中になっていつまでも放置していると、どんどんさめて味も落ちてしまいます。出されたタイミングでおいしくいただくのがマナーです。

また、複数の人といただく時は、他の人とできるだけペースを合わせましょう。料理人は全体のスピードを見ながら次の食材を調理します。誰よりも早く食べてしまったり、逆にいつまでも残したりするようではペースを乱すことになり、調理する方もしづらくなります。できるだけ同じペースを心がけましょう。

マナーを守ってこその鍋料理

鍋料理は代表的な日本料理の一つです。地方ごとにあるくらいで、数えきれないほどです。鍋物の専門店でなくても冬になるとメニューに組み入れるくらい、日本人が好む料理と言えます。

鍋料理は複数の人が鍋を囲んでいただくのが大きな特徴で、人と人とのコミュニケーションを深めるにはもってこいの料理です。それだけに気をつけたいマナーがあります。

まず、自分の箸で具材を取らないことです。家族同士ならともかく、ゲストを招いての時は必ず取り箸を使います。また、どれを取ろうかと鍋の中をあちこち突いたり、一度取った具材を、気が変わったからといって鍋に戻すのはいけません。自分の好きな物ばかりを取るのも良くありません。具材によっては一人につき何個と数を見積もっている場合があるからです。

具材を取る時は、器を鍋に近づけ、汁がたれないように気をつけます。鍋が遠い時は、近くの人に頼んで取ってもらいましょう。反対に鍋に近い人は遠い席の人の器を預かって取ってあげるくらいの心づかいを持ちたいものです。

鍋料理の中でも、しゃぶしゃぶとすき焼きの食べ方を見ておきます。

○しゃぶしゃぶ

薄くスライスされた肉を沸騰した湯にくぐらせて、たれでいただきます。肉は最初に1枚ずつ〝しゃぶしゃぶ〟します。牛肉はさっと湯に通すだけで良くても、豚肉や鶏肉はしっかり火を通すことが大事です。入れっ放しにするのはマナー違反です。たれにどっぷりつけるのも良くありません。さっとくぐらす程度です。

○すき焼き

関東と関西ではやり方が異なります。関東スタイルは醤油、酒、砂糖、みりんなどを調合した「割下《わりした》」という調味液を鍋に入れ、肉や野菜を加えて煮ます。関西スタイルは鍋に牛脂をひき、牛肉の表面を焼いてから野菜を加え、そこから出る汁に醤油、砂糖などを足して、味を調節します。

食べたあと器に残った溶き卵を鍋に戻すのはいけません。衛生面から言っても問題です。

マナーがものを言う日本料理

鮨や天ぷらなどの他の代表的日本料理にもマナーがあります。

○鮨

鮨店に入り、最初は卵焼きがいいか、コハダのような光物がいいか迷いますが、順番は特別決まっていません。ただし、理にかなっている注文の仕方はあって、薄味の物から濃い味の物へと移っていくことです。

まず鯛や平目、スズキのような白身魚からスタートし、光物（アジ、サバ、サヨリ）、中トロ、大トロ、穴子のような脂ののった魚に進みます。最後に鉄火巻きやかっぱ巻きのような、さっぱりとした巻物で締めます。魚のあら汁や味噌汁などをいただいても良いかもしれません。

鮨を頼む時、「お勧めは?」と店主に聞くのは注意しましょう。「うちはすべてお勧めだ」との心意気があるからです。「今の季節はどんな魚がいいですか」と尋ねる方がいいようです。また、一貫ずつよりはまとめて2~3貫を頼むほうが、店側の手間を考えると親切です。身が乾かない内に口にすることも大事です。

なお、香水をつけて鮨店に行くのは控えるのがマナーです。いただく時は、手でも箸でもかまわないのですが、改まった席では箸を使う方がいいでしょう。

手でいただく時は3本の指を使います。ただし、これには2通りのやり方があって、一つが親指と中指で鮨をつかみ、人差し指で上面を押さえて口に入れる方法。もう一つが、上面に親指をのせて横に倒し、人差し指で身の側面を、中指でご飯の側面をつまむ方法です。箸の時も後者のようにすると、すし飯が崩れずきれいに口にできます。

醤油はすし飯より身の方に少しつけるのが良いとされます。すし飯の方に、それもべったりつけると、ご飯粒が醤油皿に落ちてきたなく見えてしまいます。

添えられるガリ（しょうが）を鮨が出る前から食べてしまうのも良くありません。本来、ガリは口直しのために置かれている物です。少しずつ口にしましょう。

○天ぷら
敷紙が敷いてある器の手前に小さな物が、奥に行くほどエビなどの大きな物が、あるいは手前にエビやキスなどの淡白な物が、奥に行くほど穴子などの濃厚な味の物が盛られています。盛り付けを崩さないように、手前から順にいただきます。

天ぷらは箸で一口大に切って食べるのがマナーですが、中には、イカやエビのように箸で切りにくい物もあります。噛み切ることになりますが、その時は手や懐紙で口元を覆いましょう。また、箸に残った食べかけを皿に戻したり天つゆにつけたりするのはマナー違反です。エビの尾はよく揚がっていれば食べられます。

天ぷらには天つゆや塩が添えられます。天つゆで食べる時は器を手に持つのが本当です。

お好みでおいしく食べる順番の一例として挙げるなら、エビから始まり、次に魚（キス、イカなどの白身魚）→季節の野菜（生しいたけ、いんげん、ふきのとう、たらの芽など）

↓季節の白身魚（春／白魚　初夏／鮎、鱧《はも》、シャコ　秋／ハゼ）↓口直しになる野菜（なす、アスパラ、三つ葉、ししとうなど）↓一年中獲れる魚（イカ、メゴチなど）↓ボリューム感のある江戸前の穴子↓かき揚げ↓ご飯・赤だし・香の物が良いかと思われます。

○蕎麦《そば》

会席料理の場合、ご飯の代わりに蕎麦が出されることがあります。

もり蕎麦は小高く、あるいは薄く広く盛られています。どちらも、少しずつ口に入れるのが、スマートないただき方です。小高く盛られている時は、中央から箸を入れるとスムーズにいきます。広く薄く盛られている時は、端から箸を入れると一口分ずつ取ることができます。豪快に取って頬張るのは良くありません。また、麺類を音を立てて食べるのは世界的にタブーとされますが、日本では反対で、音を立てて食べるのが粋とされています。

つゆは、先に少しだけつけるのが良いと言われます。ただし、それは濃い（辛い）つゆの場合に限ります。甘いつゆや薄いつゆの場合はどっぷりつけてもマナーに反しません。

蕎麦を食べ終えると、「蕎麦湯」が出てきます。蕎麦をゆでたあとの湯です。器に残ったつゆをこれで薄めて口にします。蕎麦湯にはルチンなどソバの栄養素がたっぷり含まれています。お酒を飲まれる方は、そば焼酎のそば湯割りがお薦めです。是非、味わってください。

○うどん

蕎麦に並ぶ物として人気が高いのがうどんです。小麦粉、塩、水で作られ、製法は地方によってさまざまです。例えば、讃岐うどんは太くてコシが強いのが特徴ですし、愛知のきしめんや山梨のほうとうは麺が平たく、秋田県の稲庭うどんは細身でしなやかな口当たりがします。そばと同様に音を立てて食べることでのど越しが良くなります。

うどんを使った料理としては、ざる蕎麦に相当するざるうどん、汁を張ったかけうどん、そこに具材をのせた月見うどんや天ぷらうどん、他にも釜揚げや、鍋物の中に加えたうどんすきなどいろいろあります。具材によってはレンゲが添えられます。

○うなぎ

日本人が好きなうなぎですが、関東と関西では身の処理の仕方に違いがあります。関東では背側から開き、関西では腹側から包丁を入れます。焼き方も関東では焼く前に一度蒸し、そのため生のままから焼く関西に比べて、身がふっくら柔らかいのが特徴です。生をあぶり焼きした白焼き、タレで焼いた蒲焼、それをご飯の上にのせたうな重やうな丼などがあります。また、細かく刻んだ蒲焼をご飯の上に並べ、混ぜてから器によそい、薬味を加えたり、だしやお茶を注いだりする〝ひつまぶし〟という郷土料理などもあります。

器で知っておきたいこと

器は絵画で言えば額縁にあたります。いい器に盛られると料理は一段と映えます。高級な日本料理店になるほど、器にも上等な物が使われていることが多く、器も丁寧に扱うことが求められます。

手にする器、しない器

西洋料理では器は動かさないのが基本ですが、日本料理では器を手に取っていただく場面が多くなります。ただし、手にしていい器といけない器があります。

必ず手に持つのは飯碗、汁椀です。お重や丼も持ち上げていただき、汁物の多い煮物も手に取ります。椀、小皿、小鉢、醤油の小皿など、手のひらにのる程度の小さな器も手に持ちます。

反対に、手にしていけないのは、手のひらより大きな器。ただしお重や丼は除きます。刺身が盛り付けられた器、焼き魚などの魚料理の器、天ぷらなどの揚げ物の器、大皿、大きな碗や鉢も手に持ってはいけません。

食べ終えたあと、器をもっとよく見てみたいと思った時でも、手にしていいのは軽くて小さな器に限ります。持ち上げて見る時も、目の高さまでです。それより上は危険が伴うので控えます。裏返して見ていいのは、盃、湯呑み、小鉢くらいです。

器のタブー

器は陶器、磁器、漆器、竹製の物など、どれも繊細にできています。傷つきやすいので丁寧に扱うことが大切です。例えば、器をズルズルと引いて手前に持ってくるのは、テーブルや器を傷つける恐れがあります。食べ終えたあと器を重ねるのも同様です。スタッフが下げやすいようにとの配慮からでしょうが、縁など欠ける心配があるのでスタッフに任せましょう。

器の中には、持っていいようでいけない物もあります。例えば、「片口」。縁に注ぎ口のついた器のことです。ここは出っ張っているのでつい手を添えたくなります。また、持ち手のような物が付いている「手付き」の器。いかにも手に持っていいようですが、同様です。どちらも繊細な箇所なので壊れやすいため、触れないようにします。

ところで、高級日本料理店でお食事をする時に、指輪や長いネックレスをさりげなくはずす方は、器のことをよくご存知のお客様だと、店側に好印象を与えます。器を傷つけないように神経を配っていらっしゃることがわかるからです。確かに、指輪や長いネックレスなどの金属が当たると、器が傷つく恐れがあります。できればそこまで神経を配りたいものです。

器は人となりを映す

店側から見て、そのお客様の人となりまでわかるのが、いただき終えたあとの器です。食べ散らかしたような器を見ると料理人はがっかりします。心を込めて作っても、その思いが通じず、味わっていただけなかったように思えるからです。

反対に、骨や皮を奥に寄せ、その上に、小さくたたんだ懐紙やしその葉などを裏返してかけておくようなお客様を見ると、その心づかいに嬉しくなると言います。また、食べ終えたあと、箸置き、醤油皿、酒器の位置が食事の前と同じに保たれているのも、「わかっていらっしゃる方だ」と、店側は好印象を持ちます。ほんのちょっとしたことで、いただく方も料理を提供する方も心地いい気分になるのですから、食事を終えたあとの皿の上の処理には気を配りたいものです。

また、醤油皿に関しては、食事を終えたあと、醤油が皿にきれいになくなっているのが望ましいとされます。最初に醤油をドボドボと注ぐ方がいますが、これでは皿に醤油が残りがちです。足りなければ、途中で足すようにしましょう。

箸の種類

料理店では一般に、箸は2種類出されます。取り箸と手元箸です。取り箸とは、大皿などから自分の分を皿に移す時に使われる箸で、終えたら元に戻しておきます。手元箸とは自分専用で、料理を口に運ぶ時に使う箸です。

家庭では取り箸と手元箸を区別しなくてすんでも、日本料理店での会食では、必ず使い分けます。取り箸に口をつけてはいけません。

日本料理店で使われる割箸には次の種類があります。

●天削箸（てんそげばし・てんさくばし）

割箸の中でも最高級品。箸先と反対側の、天の部分が上に向かって斜めにカットされています。

●柳箸

お正月や婚礼時などのハレの日に使われる祝い箸です。縁起をかつぐところから丈夫で折れにくい柳が使われます。両口箸、俵箸とも呼ばれます。

●利久箸

形は柳箸と同じで両端が細くなっていますが、両方使っていいわけではなく、一方が人間用、一方が神様用の意味があります。杉や檜の白肌、松を使用。水に浸しておき、使う直前に水気を拭き取って、食べ物が箸につきにくくして出したりもします。

●元禄箸

最も一般的な割箸の形です。角形箸の断面の角を削って滑らかにした物です。

●竹の割箸

割りやすく、油や調味料が染みにくいのが特徴。天削箸もありますが、竹双生と言って、天の部分が四角く削られ、箸本体は楕円になっている物が多く見られます。

割箸が箸袋に入っている時は、まず箸袋から出し、箸置きがあればいったん箸置きに置きます。箸袋はお膳の左側に、袋状になっている方を手前にして縦に置きます。箸置きがない場合は、箸袋を結んで箸置きの代わりにしてください。

箸の正しい持ち方

最近は、箸の正しい使い方を知らない人が多いと言われます。せっかくおいしい日本料理をいただくのですから、箸も正しく持つようにしましょう。最初はちょっと面倒くさいように思えても、だんだん慣れてくると、そのほうが自分でも心地良く感じられるようになります。

会席料理では、箸は、左側の箸置きにのせて置かれているのが普通です。そこで、まず、利き手の親指、人差し指、中指の3本で箸の中央部をつまみあげます。次に反対の手で、中央部よりやや左側を利き手と同じ3本の指で下から支えるように持ちます。同時に、利き手を利き手側の端のほうへすべらせ、端で反転させて持ち直します。最後に箸の3分の1の部分を、利き手の親指、中指、人差し指で持ち、薬指と小指は軽く曲げておきます。

会食の席では、主賓が箸を取ってから、また、テーブルがいくつにも分かれている場合

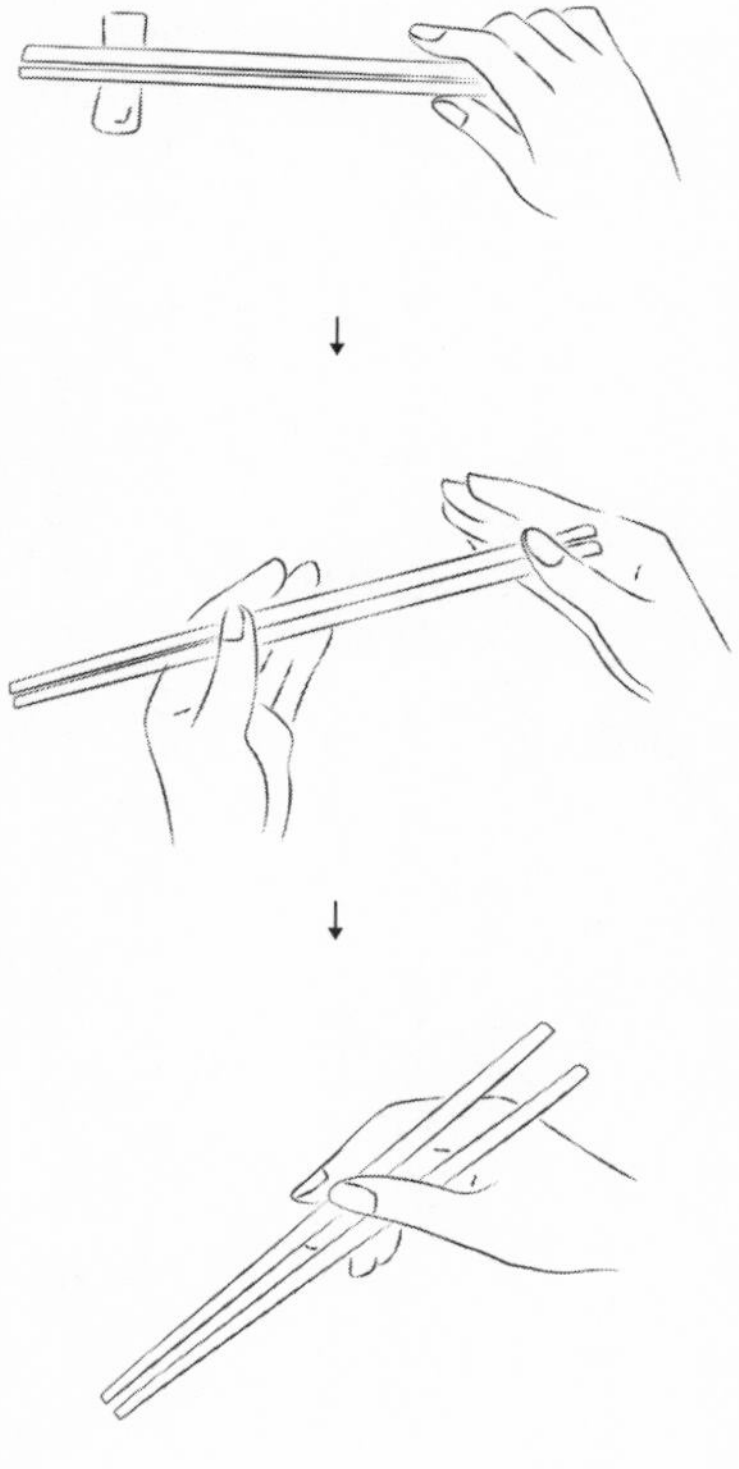

箸の扱い方

は、同じテーブルの全員に料理が運ばれてから、初めて箸を取ります。

食べ終わったら、使った箸は箸袋に戻します。この時、使用済みであることを示すために、箸袋の底を少し折っておきます。この印がないと、未使用の箸と間違われる恐れがあるので、必ず折っておきます。

また、割箸の割り方にも正しい方法があります。まず利き手で箸を取り上げ、もう一方の手で受け、親指で下の箸を押さえてから、反対の一本を利き手で扇子を開くようにして割ります。左右を開くようにして割るのはマナー違反です。

昔から「箸先一寸（３㎝）」と言い、箸先をあまり汚さないことが見た目にもきれいで、粋とされています。できれば箸先１㎝が望ましいところです。

箸のタブー

西洋料理でのナイフやフォークは、切る、刺す、すくうの3通りの機能しかありませんが、箸は違います。2本を組み合わせた「一膳」でさまざまな働きをします。「切る」「裂く」「すくう」「はさむ」「つまむ」「のせる」「はがす」「混ぜる」「くるむ」「運ぶ」「押さえる」「ほぐす」の12もの機能を持っています。しかし、中にはやってはいけない箸の禁忌があります。

箸のタブー

刺し箸

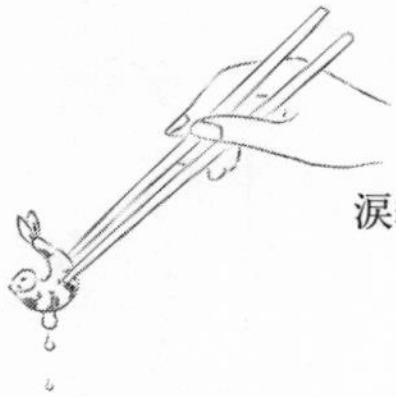

涙箸

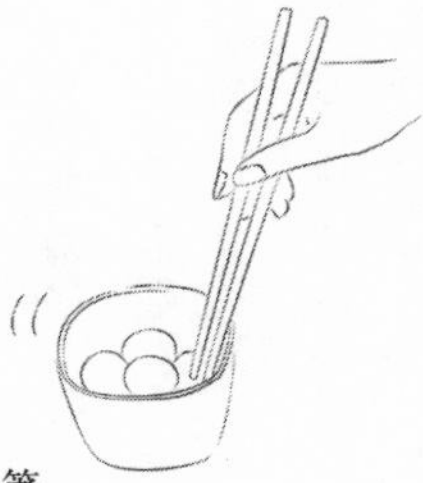

寄せ箸

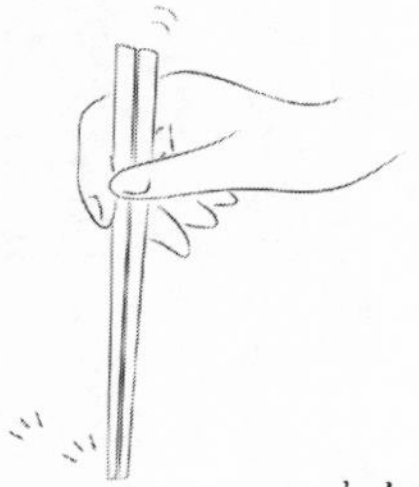

とんとん箸

渡し箸

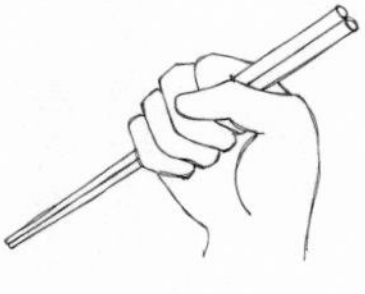

握り箸

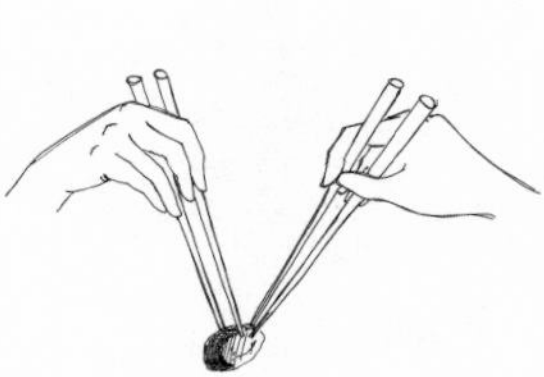

移し箸

突き立て箸

●寄せ箸――箸で器を引き寄せたり、動かしたりする。
●刺し箸――箸で料理を突き刺して口に入れる。
●ねぶり箸――箸先をなめたり、口に入れたままにする。
●受け箸――箸を持ったままご飯などのお替りを受ける。
●迷い箸――どれを食べようかと箸先を皿の上であちこち動かす。
●握り箸――箸を2本いっしょに握る。攻撃の意味にとられる恐れあり。
●込み箸――料理を頬張り、さらに箸で中に押し込む。
●涙　箸――箸先から料理のつゆを垂らしながら口先に運ぶ。
●ほじり箸――料理の中を箸でほじくって好きな物だけを選ぶ。
●とんとん箸――皿の中やテーブルで箸を立て、とんとんと揃える。
●渡し箸――自分の箸を箸置きに戻さず、皿の上に渡して置く。
●人指し箸――箸で人や物を指す。
●ちぎり箸――箸を右・左に1本ずつ持ち、ナイフとフォークのようにして料理を切る。
●膳越し――ご飯や椀の向こうに置かれた料理を器を使わずに直接箸で取る。
●移し箸――箸から箸へと料理を渡す。
●叩き箸――箸で器を叩く。
●突き立て箸――ごはんに箸を突き立てる。

おしぼりの正しい使い方

日本の料理店で出される、外国では見られない物の一つが〝おしぼり〟です。おしぼりは手を拭くために使われます。それ以外に使うことはできません。

よく見かけるのが特に暑い時期、首や顔などをぬぐうことです。汗を拭く人までいます。また、衣服にかかった汁などをそれで取ったり、口をぬぐったりします。これらはすべてマナー違反です。ご自分のハンカチやポケットティッシュを使いましょう。

おしぼりがビニール袋に入って出された時は、叩いて破ったりせず、静かに取り出し、空いた袋は横によけておきます。受け皿にのせて出された時は、使用後軽くたたんで受け皿に戻しておきます。

日本料理店ではおしぼり以外にナプキンが出されることもあります。椅子とテーブル席の場合が多いようです。この時のナプキンの扱い方は、西洋料理店でのケースと同じです。大判のナプキンであれば二つ折りにし、折り目を手前にして膝にのせます。こうすれば、特に女性はナプキンの裏側で口元を拭くことができ、ナプキンについた口紅も外から見えず、また着ている物を汚す心配もありません。食事を終えたら、テーブルの上に軽くたたんで置いておきます。

日本酒を楽しむ

今や日本酒は国内だけにとどまらず、海外でも人気で、大吟醸酒や吟醸酒はフランス料理に合う酒として近年、注目を集めています。日本料理に関して言えば、日本料理に合うのはなんといっても日本酒です。

日本酒は日本の伝統が生み出した世界に誇る飲み物です。しかし、私たち日本人が日本酒のことをよく知っているかと言えば、そうではないというのが本当のところです。日本酒のことをよく知れば、日本料理店に行っても日本料理がもっとおいしくなるはずです。

日本酒の種類

日本酒はワインやビールと同じ醸造酒です。米、米麹、水を原料として発酵させ、濾過《ろか》して造られます。日本酒には8種類の特定名称酒があり、それ以外は普通酒と呼ばれます。

それぞれの特徴を簡単に述べてみます。

- 純米大吟醸酒―吟醸香が純米吟醸酒よりいっそう華やか。
- 純米吟醸酒―芳醇な味わいと華やかな香りが特徴。

種類	原料	精米歩合
純米大吟醸酒	米・米麹	50％以下
純米吟醸酒	米・米麹	60％以下
特別純米酒	米・米麹	60％以下
純米酒	米・米麹	規定なし
大吟醸酒	米・米麹・醸造アルコール	50％以下
吟醸酒	米・米麹・醸造アルコール	60％以下
特別本醸造酒	米・米麹・醸造アルコール	60％以下
本醸造酒	米・米麹・醸造アルコール	70％以下

●特別純米酒―香りと色沢が特に良好で、特別な製法で造られたお酒。
●純米酒―香味や色沢が良好。
●大吟醸酒―吟醸酒より香りが高く、繊細な味わい。
●吟醸酒―吟醸香と言われるフルーティーな香りがし、味も繊細。
●特別本醸造酒―すっきりとしたキレのいい飲み口が特徴。
●本醸造酒―香りが控えめで、すっきりとした辛口のお酒が多い。

特徴

日本酒には製造される時期や製造過程の違いによって、さまざまな名称がつけられています。それだけいろいろな味わいを楽しめます。

●新酒
醸造年度内（7月~翌年6月）に製造された物で、年度内に出荷され、12月~翌年2月に出回る日本酒です。
●古酒
前年、もしくはそれ以前に造られた日本酒で、長く貯蔵することで熟成が進み、まろやかで熟成した香りがします。
●生酒
火入れ（加熱処理）をまったく行わずに瓶詰された日本酒。新鮮な香りと味が魅力です。純米生、吟醸生などがあります。
●生詰め酒
通常、酒造りでは貯蔵前と瓶詰時に2回火入れをしますが、これは貯蔵前の火入れだけを行います。
●生貯蔵酒
生酒の状態で、低温で貯蔵して熟成。出荷時に初めて火入れをする日本酒です。
●原酒
発酵させてから搾ったお酒に、水を加えずに出荷した物。通常よりアルコール度数が高く、濃厚な風味が味わえます。

●樽酒

杉樽に貯蔵された日本酒。杉の香りが移り、独特の風合いを楽しめます。縁起物として鏡開きなどで使われます。

●甘酒

これには2種類あります。米麹で造られるのはノンアルコールですが、酒粕で造られる物にはアルコール分が含まれます。

●白酒

蒸したもち米にみりんや米麹、焼酎を混ぜて造ります。1か月ほど熟成し、米ごとすりつぶすため白く仕上がります。

●寒造り

酒造りに最適な11月頃~翌2月頃の寒期に造られる日本酒です。

●生一本

一つの製造場で造られる純米酒にだけ、この表示が許されます。

飲み方

冷やして良し、燗にして良し、それが日本酒です。温度によって味や香りが微妙に変化するため、そのどちらも楽しめます。

□冷酒

大吟醸酒や吟醸酒のような華やかな香りの日本酒に適した飲み方です。温度によって呼ばれ方も違います。いかにも日本的な呼び名がついています。

●雪冷《ひ》え

ほぼ5℃。酒瓶を冷やし、その表面に結露が生じている状態。香りはあまり立たず、冷たい口当たりです。

●花冷《ひ》え

ほぼ10℃。酒瓶を冷蔵庫で冷やし、瓶から冷たさが伝わる程度。注いだ直後は、弱く感じる香りが飲むうちに徐々に広がり、細やかな味わいを楽しめます。

●涼《すず》冷《ひ》え

ほぼ15℃。酒瓶を冷蔵庫から出してしばらくたった状態。飲んだ時にはっきりとした冷たさを感じます。香りの華やかさ、味わいにとろみを感じます。

●常温

ほぼ20℃。徳利や銚子などを手にした時、ほんのりと冷たさが伝わる感じです。香りや味わいがやわらかな印象です。

□燗

燗とは、日本酒を徳利やチロリ（酒を温めるための金属製の容器）などに入れて温めることを言います。純米酒、本醸造酒、普通酒に適しています。温め方は、酒器ごと湯煎にするのが一般的です。

●日向《ひなた》燗

ほぼ30℃。飲んだ時、熱さや冷たさを感じない程度の温度です。酒の香りが引き立ち、なめらかな味わいになります。

●人肌燗

ほぼ35℃。飲んだ時にぬるいと感じる温度。米や米麹の良い香りが楽しめ、さらりとした味わいになります。

●ぬる燗

ほぼ40℃。飲んだ時に熱いというより温かいと感じる、体温と同じくらいの印象です。酒の香りが最も豊かになり、味わいにふくらみを感じます。

●上《じょう》燗

ほぼ45℃。徳利や猪口を持つとやや熱さを感じます。酒を注ぐと湯気が立ちます。酒の香りが引き締まり、味わいにやわらかさと引き締まりが感じられます。

●熱燗《あつ》

ほぼ50℃。徳利から湯気が立ち、徳利や猪口を持つと熱く感じます。酒の香りがシャープになり、キレ味の良い辛口になります。

●飛びきり燗

55℃以上。徳利や猪口を持てない程でなくても、持った直後にかなり熱く感じます。酒の香りが強く、辛口になります。

味と香り

日本酒は他の種類の酒と異なる独特の味と香りを持っています。

●味

日本酒には甘い、辛い、濃い、淡いの違いの他、多少のコクの違いもあります。甘辛、濃淡。コクは、アルコール分や糖分、酸味、アミノ酸の度合いで違ってきます。

●香り

日本酒の香りを表す時、吟醸香とよく言われますが、これは果物のような、つまりフルーティーな香りのことです。また熟成した日本酒は芳醇な香りがし、干した果物やスパイスなどに例えて表現されます。

●色

日本酒は無色透明に見えますが、原酒には多少色がついています。仕上がりの色や透明度は製造工程の違いから生まれます。一般的に、もろみを濾す作業の上槽が控えめな酒は透明度が低くなり、また貯蔵期間が長いと色が濃くなります。

日本酒の上手な注ぎ方

日本酒には理にかなった注ぎ方があります。徳利は必ず両手で持ちます。片方で握り、片方の人差し指と中指を下方から添えます。徳利は絵や模様のあるほうが正面ですから、それが上にくるように、また、注ぎ口が作ってあれば、それが下にくるように持ちます。

注ぎ終わったあとしずくが垂れないようにするには、注ぎ終える直前に徳利の口先を手前に回すのがコツです。徳利を離す時は、徳利の口先を上げるより、下げるほうが見ていてもきれいに映ります。

和らぎ水

お酒は最後までおいしく飲みたいものです。ひどく酔ってしまっては、お酒はもとより、酒席も楽しむことができません。それには水をそばに置き、日本酒を飲む合間に一口飲むことです。これを「和らぎ水」といいます。

日本酒の合間に水を飲むと、料理やお酒の味を鮮明にしてくれます。また、お酒と水を交互に飲むことによって飲み過ぎを防ぐことができます。

焼酎

日本酒が醸造酒に対し、焼酎は蒸留酒です。その違いは、醸造酒が、発酵を完了してからお酒を搾ったり、あるいは濾過してから製品になりますが、蒸留酒は発酵してからもろみを加熱し、アルコール分や味や香りを蒸発させ、その蒸気を再び冷却することで凝縮した液体が集められ製品となります。そのため蒸留酒のほうが醸造酒よりアルコール分も味も香りも濃厚と言えます。蒸留酒には他に、ウィスキー、ブランデー、ジン、ウォッカ、ラム、テキーラなどがあります。

焼酎は製造法の違いによって2種類に分かれます。単式蒸留焼酎または焼酎乙類と、連続式蒸留焼酎または焼酎甲類です。他に、両方をブレンドした混和焼酎もあります。単式蒸留焼酎または焼酎乙類には本格焼酎・泡盛が該当します。米、麦、芋などのそれぞれの原料の風味が生かされ、自然のうまさを味わえます。

- 米焼酎—米ならではの香りと風味、まろやかな味わいが特徴。
- 麦焼酎—麦特有の香ばしさと甘味があり、淡麗で風味も爽やか。
- 芋焼酎—さつまいも特有の甘味とふくよかな香りが魅力。
- 蕎麦焼酎—そばの香りとコク、さっぱりした飲み心地が特徴。
- 黒糖焼酎—さとうきびによる上品な甘味と軽い口当たりが魅力。
- 泡盛—タイ米を原料に、独特な風味と深いコク、香りが特徴。

一方、連続式蒸留焼酎または焼酎甲類は、いわゆるホワイトリカーと呼ばれる物で、果汁やソーダ、ジュース類で割って飲む「酎ハイ」などの楽しみ方があります。

日本茶

日本酒同様、日本人にとってなくてはならない飲み物と言えば日本茶です。

日本茶にはいろいろな種類があり、それぞれ適した淹れ方、飲み方があります。

○煎茶

日本で一番よく飲まれているお茶です。新芽が出て摘み取るまでの間、日光に当てて栽培します。蒸して揉んで荒茶を製造する最も一般的な製法で作られます。うま味と共に程良い苦味や渋味、爽やかな香り、すっきりとした味わいが特徴です。

［おいしい淹れ方］

湯呑みに湯を注ぎ、上級煎茶で70℃、中級煎茶で80～90℃にさまします。湯ざましを使ってもかまいません。急須に1人当たり3gくらいの茶葉を入れ、さました湯を注ぎます。高級な物で1分半、普通使いの物で1分程でおいしくいただけます。

○深蒸し煎茶

普通の煎茶の倍の時間をかけて茶葉を蒸して作ります。粉っぽいですが、青臭味や渋味がないのが特徴です。お茶を淹れた際に茶葉そのものが多く含まれるため、水に溶けない有効成分も摂ることができます。

［おいしい淹れ方］

湯呑みに湯を注ぎ、70～80℃にさまします。加工の段階で長時間蒸されるため茶葉が細くなっています。そのため浸出時間は短くします。

○玉露

煎茶と違い、日光を遮断して作られます。これによって甘味とうま味、コクのある味わい深いお茶が生まれます。遮光栽培独特の覆い香と言われる香りが特徴です。

［おいしい淹れ方］

玉露専門の小ぶりの湯呑みに湯を入れ、50℃程度にさまします。同様に専用の急須に1人約3gの茶葉を入れ、さました湯で2分程かけてゆっくり抽出します。

○番茶、ほうじ茶、玄米茶

番茶は伸びたり硬化した茶葉などから作るお茶です。ほうじ茶は煎茶、番茶、茎茶などを炒って作り、玄米茶は水に浸して蒸した米を炒り、番茶や煎茶を加えて製造した物です。

［おいしい淹れ方］

大ぶりの厚めの急須や土瓶を使用。茶葉は1人当たり約3g。熱湯で淹れるところが他のお茶と違います。30秒程待って湯呑みに注ぎます。

お茶は、最後の一滴まで注ぎ切ることが大切です。お茶の専門店では、この最後のひとしずくを重要視し、急須を振り切ります。

サービスのプロフェッショナル ④

唎酒師《ききさけ》

唎酒師とは日本酒の味、知識に精通し、お客様の好みを聞きながら料理に合う最もふさわしい日本酒を選ぶ人のことです。料理に合うワインを選び出すソムリエに似ているところから〝日本酒のソムリエ〟とも呼ばれます。上級資格として卓越したテイスティング能力を身につけた提供販売のプロで、酒匠の資格も持ちます。

日本酒サービス研究会・酒匠研究会連合会では20歳以上の人を対象に講習会を設け、その後呼称資格認定試験に合格した人に唎酒師の資格が与えられます。酒業に携わる人だけでなく、一般の日本酒愛好家にも資格を持つ人が増えています。

日本酒サービス研究会・酒匠研究会連合会（ＳＳＩ）
〒１１２－０００２　東京都文京区小石川１－15－17　ＴＭ小石川ビル７Ｆ
ＴＥＬ　０３－５６１５－８２０５　https://ssi-w.com

第5章　中国料理編

代表的な中国料理

中国は広大で、料理は地方ごとにそれぞれ発展してきました。広東料理、四川料理と言うように、必ず地方名がつけられているのもそのためです。中国料理とひとくくりできないほど、地方によって素材、味、作り方が大きく異なります。それぞれが別個の料理と言ってもいいほどで、その数は40近くにものぼります。代表的な中国料理を挙げてみました。

素材を大事に、チャレンジ精神が作る「広東料理」

日本国内の中国料理店で最も数が多いのが広東料理です。「食は広州にあり」と言われるほど、広東料理の中心地広州は、気候が暖かく野菜がよくできる上、海にも近いため魚介類も豊富です。また昔から海外貿易が盛んだったことで、早い時期から海外の調理法や調味料が伝わり、広東料理はバラエティーに富んだ発展をしてきました。料理人はチャレンジ精神が旺盛で、それがのちに従来の中国料理にとらわれない「ヌーベルシノワ」と呼ばれる「新中国料理」を生み出したと言えるでしょう。

蒸し物や焼き物の種類が多いのも特徴の一つです、蒸し物は本場香港では、専門の職人がいるほどです。味つけは野菜や魚介類の持ち味を生かすために〝薄くさっぱり〟が基本です。

代表的な料理としては、酢豚、焼売、フカヒレスープ、ツバメの巣のスープなど、世界中に名の通った料理がたくさんあります。また、日本人にも人気の飲茶《やむちゃ》でも知られます。

辛味と乾燥物を多用する「四川料理」

四川地方は内陸部にあり、晴れた日が滅多にない山間地域です。そのため汗をかくことが少なく、発汗作用を促すために唐辛子などの香辛料を多く使った料理が作られるようになりました。四川料理が辛いと言われるのはそのためです。味つけにこだわる料理人によっては、1品に30～40種類の香辛料を使うと言います。また、厳しい冬に備えて保存食の漬物が発達し、中でも搾菜《ザーサイ》がよく知られます。

この地方は海とは無縁です。そのため生の魚介類が使えず、そこでアワビや帆立貝を始めとする海の幸はすべて乾燥した物が使われます。フカヒレやナマコも乾燥品が使用され、それが四川料理を大きく特徴づけています。また、四川料理は料理の種類が多いことでも知られ、2000種類を超えるとさえ言われます。

代表的四川料理には、麻婆豆腐、棒々鶏《バンバンジー》、エビのチリソース煮（日本で出されるのとは別物で川エビを使う）、回鍋肉《ホイコウロー》（きゃべつは使用しない）などがあります。

粉食、点心、鍋物が特色の「北京料理」

北京料理にはいくつかの特色があります。一つが小麦粉などから作る粉食が多いことです。饅頭、餃子、餅、包子《パオズ》などがあります。麺も種類が豊富で、細長い物から耳たぶ状の物までいろいろな形をしています。また、北京は日本の東北地方と同じくらい北に位置し、寒い地域のため鍋料理が盛んです。豚肉だけでなく羊肉もよく使われ、寒さに耐えるためににんにくやねぎを多用するのも特色の一つです。

北京料理は宮廷料理から発展し、清朝時代に大成しました。そのため手が込んでいて見映えのする料理が多いのが特徴です。点心にしても、西太后が好きだったことから種類が驚くほど豊富で、コース料理では3、4品も出されたりするほどです。

調理法は揚げる、炒める、やわらかく煮る、ロースト、あんかけなどバラエティーに富んでいます。

代表的料理には北京ダック、羊肉のしゃぶしゃぶ鍋、饅頭、水餃子などがあります。

煮込み料理、海の幸、淡水蟹の「上海料理」

上海は昔から中国有数の商業都市で、貿易の盛んな所として知られます。そのため金持ちが多く、それが料理にも反映して、高級感のある宴会料理が発達しました。またかつて欧米列強に占領されていた影響から、伝統的な地元の味にヨーロッパなどの外国の新しい味を融合させた物が多いのも特徴の一つです。

上海は東シナ海に近く、海の幸が豊富です。そのためエビ、蟹、魚介類の料理が多く、また長江に近いので、淡水性の蟹や鯉などの淡水魚も料理に使われます。陽澄湖《ようちょうこ》などから獲れる上海蟹は日本でも有名です。また、ふっくらとやわらかく煮込んだ料理が多いことも大きな特徴の一つです。取っ手が二つついた鍋はこの地方の煮込み料理用に作られた物です。酒、醤油、黒酢などをふんだんに使うため、味つけは甘くて濃厚です。ここは紹興酒の産地でもあり、この濃厚な味つけが紹興酒に合うとされます。

代表的な料理としては、上海蟹、小籠包、豚肉の角煮などがあります。

酸っぱさ、辛さが際立つ「湖南料理」

湖南地方は内陸部に位置し湿度が高い地域です。四川料理に負けず劣らず辛い料理が多く、それが湖南料理の最大の特徴と言えます。四川料理の辛さとは少し違って、「酸辣《サンラー》」と表現されるように、酸っぱくて辛い、唐辛子をかじった時のようにガツンと辛い、そういう辛さです。他に、醤油味が強く、とにかくよく炒めます。

また、湖南料理は赤やオレンジ、青など見るからに色鮮やかな料理が多いのも特徴の一つです。それは赤や青の唐辛子が使われるからで、それも生の他に、乾燥させたり漬けたりなどした物が使用されます。

代表的料理としてよく知られるのが酸辣湯《サンラータン》。唐辛子、コショウなどのスパイスの風味を効かせたスープで、酸味のある辛さはクセになるほどとも言われます。

これらに「山東料理」「福建料理」「江蘇料理」が加わり、中国八大料理として知られています。

もてなしを重んじる席次

中国人は人をもてなすことを重視し、何日も前から店側と打ち合わせ、料理の内容も指示するくらいです。今はそれほどではありませんが、招いたゲストが控室に揃ったら、ホストがメインゲストから順に手を取るようにして部屋に案内し、自らお酌をして回ったくらいです。

それほど気を配るのが中国人であり中国料理ですから、マナーが大切になります。中でも重要なのが席次です。中国では昔から「天子南面《てんしなんめん》す」と言い、主客は南向きに、次席はその左に配席されるのがしきたりでした。ですが近年は、部屋の構造によっても、あるいは円卓か角卓かによってもその通りにいかなくなり、ゲストをもてなしやすいということで、時には中心となる席にホストが座ることもあります。

対面式と交互式

席次には対面式と交互式があります。対面式とは字のごとく招く側と招かれる側とが向かい合って座る方式で、主客の正面にホストが配席されます。また、招く側招かれる側共に、それぞれ左隣りには2番目にメインの人が、右隣りには3番目にメインの人が座ります。以下同様です。

一方、交互式とは、招く側と招かれる側とが交互に座る方式です。主客の左隣りにメインのホストが、右隣りに2番目にメインのホストが座ります。また、ホストの左隣りには

［対面式］

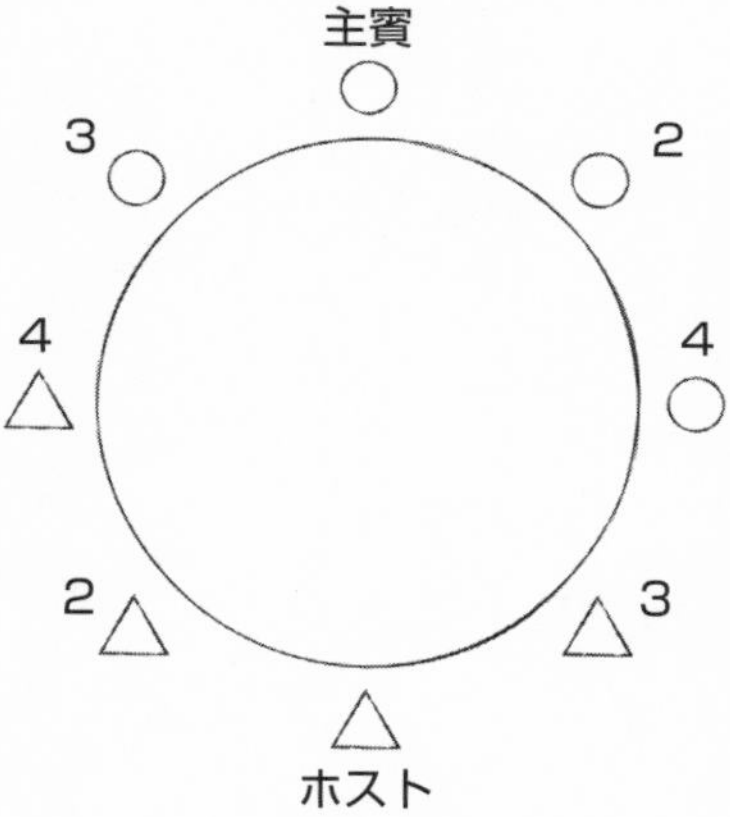

［交互式］

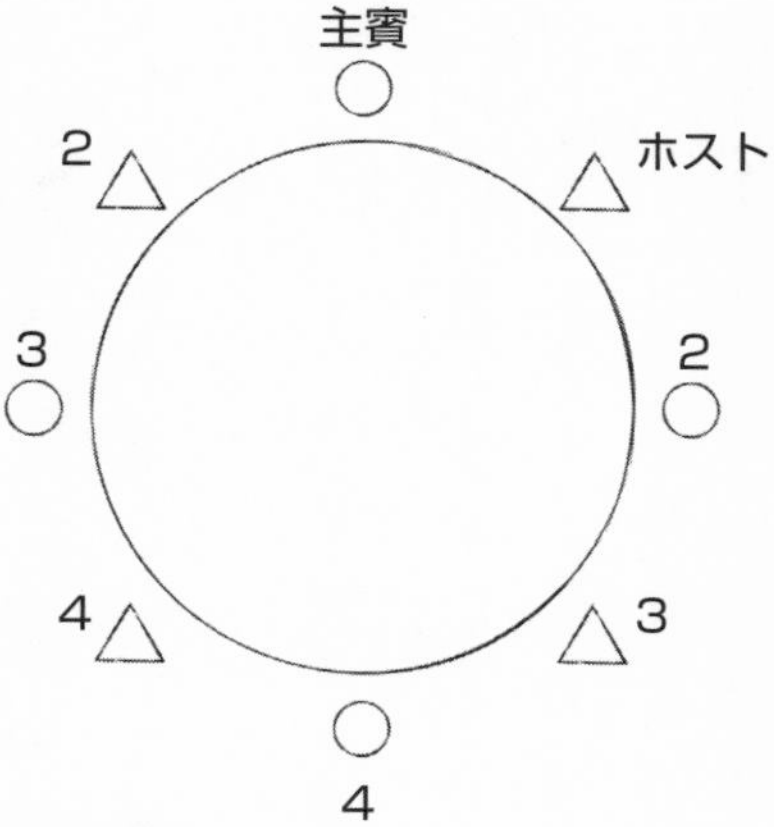

○招かれる側
△招く側

主客に続くメインの人が座り、以下同様です。

これは一卓のケースですが、2卓以上の場合は、一卓だけに主要メンバーが固まらないように、第2テーブルの主客席には主客に続くメインの人が座り、あとも同様にするのが一般的です。2卓以上の場合は、入口から遠いほど上位卓になり、もしその間に入口がある場合は、向かって右側が上位席、左側が下位席になります。

偶数が好まれる席数

日本は祝いの席などでは、〝割れる〟ことから偶数は敬遠されます。しかし中国は反対で奇数より偶数を好みます。「八仙卓子《パアシエンデュオズ》」といって、どの場合でも1卓を8人で囲むことを基本としています。とは言え、奇数が絶対ダメだと言うわけではありません。9人だからといって予算的に2卓にできない時など、融通をきかせて1卓だけにしたりします。

「乾杯」と「随意」

日本でも会食は「乾杯！」から始まりますが、中国も同様です。字も同じで、「カンペイ」と読みます。日本では乾杯は最初の1回だけですが、中国では何度も行われます。ホストまたは招待客がゲストに合わせるか、あるいはゲストを促して行います。「では、乾杯しましょう」と呼びかけ、行うのです。2度目からは着席のままでかまいません。

そしてお酒を飲み干したら、その証拠として同席者へグラスを少し傾け、底を見せます。こうして心から許し合える友人同士であることを示すのです。相手を見つけていっしょに飲む時も同様で、これが中国式「乾杯」です。

では、飲めない人はどうなるのだろうと心配になりますが、大丈夫です。乾杯時は口元に近づけるだけでかまいません。注がれそうになったらグラスの上を軽く手で覆い、「随意《ズイイ》」と言えばいいのです。これ以上は注がないでくださいという意思表示になります。

中国料理のコース

コースに関して、中国料理と西洋料理は基本的に異なります。西洋料理のコースは、魚料理、肉料理と言うように、素材を中心にして組まれますが、中国料理のコースは焼く、煮る、揚げる、蒸すなどの調理法を主体に構成されます。また、西洋料理の場合は、前菜、スープ、魚料理、肉料理、サラダ、デザートと、出される順番が決まっていますが、中国料理はわりと柔軟で、宴会によっては気分を変える目的で、点心やスープなどが途中で出されたりもします。

中国料理のコースはおおまかに言って、冷菜《ロンツァイ》、熱菜《ルウツァイ》、スープ、点心となります。冷菜は

●**調理方法の語意**

湯………スープ
清湯……澄んだスープ
紅湯……醤油を入れたスープ
鶏湯……鶏のスープ
炸………揚げる
清炸……生地そのままを揚げる
乾炸……かたく衣をつけて揚げる
高麗……衣を厚くして揚げる
爆………瞬間的に炒める
炒………炒める
煎………油焼きすること
乾焼……チリソース煮込み
紅焼……醤油煮込み
拌………材料に調味料をかけるあえ物
凍………ゼラチン質を利用した固めよせ
醸………詰め物
溜………材料を油で揚げてあんをかける
糖醋……甘酢あんかけ

●**材料の切り方**

末………みじん切り
丁………さいのめ切り
方………正方形切り
絲………千切り
条………拍子木切り
片………薄切り
塊………ぶつ切り
球………殻を取った物或いは整ったぶつ切り

●**特殊用語**

芙蓉……鶏卵を溶いてふわふわと炒めた料理
什錦……五目
四宝……四種の異なった材料を集めたもの
八宝……五目
一品……最高級の品物の意
双冬……冬の字のつく材料二種を用いた料理
金銭……銭形をかたどった料理
金銀……黄色と白色の材料を取り合わせた料理
三鮮……３種の新鮮な材料を用いた料理
家常……家庭料理
便飯……簡単な料理
家郷……田舎料理

●**調理方法の語意**

官燕……燕の巣
魚翅……フカのひれ
海参……ナマコ
銀耳……きくらげ
乾貝……干し貝柱
粉糸……春雨
肉………豚肉
牛肉……牛肉
鶏………鳥肉
排骨……骨付きバラ肉
鶏柳……鳥ササミ肉
魷魚……イカ
龍蝦……伊勢エビ
明蝦……車エビ
蝦仁……芝エビ
蟹粉……かにの身をほぐしたもの
帯子……帆立貝
白果……ぎんなん
菜花……カリフラワー
苹果……リンゴ
腰果……カシューナッツ
花生……落花生
菠菜……ホウレンソウ
韮菜……ニラ
白菜……白菜
洋白菜…キャベツ
巻心菜…キャベツ
青椒……ピーマン
黄瓜……きゅうり
葱………ネギ
洋葱……玉ネギ
蒜………にんにく
姜………しょうが
蕃茄……トマト
筍………たけのこ
芹菜……セロリ
生菜……レタス
蘭花……ブロッコリ
芥蘭……カリフラワー
銀芽……もやし
冬菰……椎茸
青豆……グリンピース
芝麻……ごま

菜譜《メニュー》の読み方

中国料理のメニューは一般に4文字の漢字で書かれます。5文字、6文字の場合もありますが、多いのは4文字です。この漢字の中に素材、調理法、材料の切り方、形容詞（ex…水晶□□＝水晶のように透明に、一品□□＝最高級の）などが表現されています。それだけに代表的な単語を覚えていれば、どんな料理かが容易にわかります。

什錦冷盆《スーチンリャンパン》（五目冷製の盛り合せ）
五目　冷製の盛り合せ

水晶蝦球《スイヂンシャーチュウ》（車エビの水晶煮）
水晶のように透明に調理した　殻を取った車エビ

乾焼明蝦《コンシュウミンシャー》（殻付き車エビのチリソース煮）
チリソース煮込み　殻付きの車エビ

糖醋魚塊《タンツウユウクァイ》（切り身魚の甘酢ソースかけ）
甘酢で絡ませた　魚のぶつ切り

炸子鶏塊《ツァーツージークァイ》（骨付き若鶏の唐揚げ）
油で揚げる　若鶏　骨付きぶつ切り

炸子鶏球《ツァーツージーチュウ》（骨抜き若鶏の唐揚げ）
油で揚げる　若鶏　骨抜きぶつ切り

青椒牛肉絲《チンジャウニュールースー》（牛肉とピーマンの千切り炒め）
ピーマン　牛肉　千切り

蘭花鮑魚《ランホアパオユウ》（アワビとブロッコリの煮込み）
ブロッコリ　アワビ

紅焼海参《ホンシュウホイサン》（ナマコのしょうゆ煮込み）
しょうゆ味煮込み　ナマコ

辣爆鶏丁《ラパッヂーティン》（鶏肉のダイス切り辛し炒め）
辛い味つけ　瞬間的に炒る　鳥肉　ダイス切り

蟹肉双菌《シェローションキ》（蟹肉と2種のきのこの煮込み）
蟹肉　二種のきのこ

鮮茄牛肉《シンケーニューロー》（新鮮トマトと牛肉の炒め）
新鮮トマト　牛肉

前菜のこと、熱菜はメイン料理のことです。この熱菜の中に、調理法の異なるいろいろな料理が組み込まれます。

まず前菜。薄切りにした物を鳥や花の形にきれいに盛り付けた一品から、クラゲや蒸し鶏、ピータンなどの盛り合わせまであります。なお広東料理では必ずチャーシューなどの焼き物が入ります。

メイン料理の内、最初に供される料理を頭菜《トウツァイ》と言い、「ツバメの巣のスープ」「フカヒレスープ」などの高級料理をもってきます。値段の高いコースほどアワビ、ナマコ、フカヒレ、伊勢エビなどの高級食材が使われます。

また、軽めの料理から重めの料理へと進むほうが口に入りやすいことから、そのあと揚げ物、煮物と続くのが一般的です。あるいはあっさりとした海鮮素材が先、肉を使ったこってりとした料理があと、という組み方もあります。姿のまま調理される魚料理は一般にコース料理の終わりに出されます。当方はまだこれだけの物をお出しできますよ、という招く側の余裕をアピールします。

そのあとスープが出されます。ここが、前菜の次にスープが来る西洋料理と異なるところです。ただし、フカヒレスープのようなとろみのある料理のあとには、スープが省かれることもあります。

日本料理のコースではご飯や椀物が必ず入っていますが、中国料理の場合は、希望があれば別ですが、麺類やご飯類がコースに組み込まれることはありません。ただし広東料理のコースの場合は、チャーハンや焼きそばが入ったりします。日本の中国料理店ではご飯か温かい麺が出されるのが一般的です。

最後に供されるのが点心です。点心とは「心を点ずる」、つまり料理を一通り食べ終えたところで、ここに一同が会することができたことへの感謝の気持ちをもう1回込める、という意味です。甘い物と甘くない物の2種類に分かれ、甘い物には菓子類や杏仁豆腐が、甘くない物には焼売や蒸し餃子などがあります。

ア・ラ・カルトで注文する時

中国料理のア・ラ・カルトは〝小〟〝中〟〝大〟で表されます。小は2～3人前、中は4～5人前、大は7～8人前です。

ア・ラ・カルトで注文する時は、次のことに気をつけましょう。素材、調理法、味、色が重ならないことです。

素材で言うと、前菜で鶏肉を使った料理にしたら、メインでは牛肉や豚肉の料理にします。野菜料理ばかり、肉料理ばかりはいけません。調理法が重ならない点では、揚げ物ばかり、蒸し物ばかりは良くありません。揚げ物、蒸し物、炒め物など、異なる調理法の料理にします。味が重ならない点では、例えば、煮込み料理を2品とも醤油を使った物にするのではなく、1品は醤油で味つけた物、1品は塩で味つけた物にするというようにです。また、色も重要です。コースの中で赤もある、白もある、緑もあるといった組み合わせにします。一皿の中で鮮やかな色合いにする日本料理とはこの点でも違います。

前菜は箸休め

前菜は飲み物のあとに出されますが、本場中国では店によってテーブルに最初からのっている場合があります。お客様が控室から個室に移られる寸前にサービススタッフの手によって運ばれます。

前菜はこれからいただく料理の前に、胃を刺激し、食欲をわかせるのが最大の目的です。これは西洋料理にも日本料理にも共通しますが、中国料理はそこに箸休めの意味合いが加わります。

箸休めとは、料理と料理の合間につきだしのようなちょっとした物を口に入れることです。中国料理では前菜がそれを兼ねます。次の料理がなかなか出てこないという時など、前菜をつまみながらだと手持ち無沙汰《ぶさた》にならずに次の料理を待つことができます。

西洋料理では次のスープが出るまで前菜は食べ終えますが、中国料理ではそのままテーブルに残しておくのが本当です。前菜のことを冷菜と言うくらいで、さめても味が変わらないように作ってあります。

ただし、香港のようなウエスタンスタイルのサービス方式が目立つところでは、めいめいに前菜の皿が運ばれますから、次の料理が出る前に前菜は下げられるのが普通です。

ターンテーブルのマナー

中国料理と言えばターンテーブルという答えが返ってくるほど、ターンテーブルは中国料理のシンボル的存在です。そのためこれは中国人によって発明されたように思われがちですが、実は生み出したのは日本人です。「目黒雅叙園」（現ホテル雅叙園東京）の創業者である細川力蔵氏によって昭和初期に作られたと言われます。

中国料理は、日本料理のように最初から一人一人に分けて出す「分餐」様式とは違い、大皿からめいめいが取り分ける「集餐」様式をとるのが普通です。そこで料理を取りやすくするためにターンテーブルが発明されたと考えられます。

回転盤にのせていい物悪い物

ターンテーブルは好きなように回していいのではなく、右回りが基本です。ただし、取りたい物が自分の前を少しだけ過ぎたくらいなら、戻しても許されます。

ターンテーブルを回す時は、他に回している人がいないか、まずよく見ます。また、先のように少しだけ戻す時は、隣りの人に「ちょっと失礼します」と、断るくらいの心配りは忘れないようにしましょう。

どの会食でもそうですが、ターンテーブルの場合も、手をつけるのは主賓が先です。主賓に最初に料理が行くようにターンテーブルを回し、そのあと同席の人たちが回して取るのがマナーです。主賓も、他の人より先にいただくのですから、一言、「お先に失礼します」と断るくらいの心づかいは必要です。

なお、回転盤にのせていいのは料理、調味料、挿花だけです。酒類、グラス、下げ物などをのせるのはマナー違反です。

サーバーは伏せて戻す

大皿には取り分けるのに必要なサーバーが添えられています。大きめのフォークとスプーンです。ただし料理によっては取り箸だったりフォークだけだったりします。

まずターンテーブルを回転させ、自分の前にきたら取り皿を近づけます。そしてサーバーを使って大皿から料理を移します。サーバーは片手で扱うのが本当ですが、しかし無理する必要はありません。その時は両手を使ってかまいません。

終えたらサーバーを大皿に戻しますが、その時、注意したいのは浅く置かないこと。皿からずり落ちたり、回転中にサーバーの柄がグラスにひっかかって倒す恐れがあります。戻す時は大皿に伏せて深く置くようにします。仰向けだと、置きっ放しの印象を与えますから、必ず伏せて置きましょう。

皿は動かさない

かつて中国では最初から最後まで同じ取り皿で料理をいただいていたそうです。今は料理ごとに取り換えます。というのも、甘い料理、辛い料理、揚げ物、蒸し物、どろっとしたあんかけの物などいろいろな料理があるので、それらを同じ皿に取れば味が混ざってしまい、おいしさが損なわれるからです。必ず料理ごと皿を取り換えます。

中国料理は日本料理のように器を手に持って食べることがありません。手に持っていいのは箸とレンゲとご飯茶碗だけです。皿はすべてテーブルに置いたままです。皿を持ち上げて食べるのはマナー違反とされます。

難しそうな料理のいただき方

○小籠包《ショウロンポー》

食べ方が最も難しい料理の一つです。小さな肉まんのように思って食らいつくと、熱くて口をやけどしたり、ジューシーなスープが一気に外にこぼれ出したりします。

小籠包を食べる時はレンゲを使うのがマナーです。また、レンゲからスープがこぼれる時のためにもう1枚皿を用意しておくのもマナーと心得てください。

小籠包をつまむ時はサイドではなくヘッドの部分を。破れずにすみます。タレにつけたらレンゲにのせ、箸で割るか、かじって小さな穴を開けます。中からスープがレンゲへとあふれ出すので、それから先に口にし、続いて身をいただきます。

○北京ダック

北京ダックはアヒルを1羽丸ごと焼いた高級料理です。全部を食べるのではなく、飴色になった皮だけをいただきます。サービススタッフがテーブルでサーブすることもありますが、自分で行う場合は次のようにします。

まず皮をナイフで削ぎます。次に薄餅という餃子の皮のような物を手のひらにのせ、そこに甜麺醤《テンメンジャン》をベースにしたタレを塗ります。量はスプーン1杯くらい。多すぎると北京ダックを存分に味わえなくなります。続いて、削いだ北京ダックの皮と、添えられてある白髪ねぎ、千切りにしたきゅうりを薄餅の上に並べ、巻きます。下半分を上に折り、左右を巻くようにするとうまくいきます。

北京ダックは通常1羽の注文ですが、食べきれそうにないと思ったら、半羽から受けつける店を探すのも一つの方法です。

○エビのチリソース煮

殻付きのエビが使われているため、殻をはずすには手か箸を使う必要があります。箸ではずしたい時は、まず箸を片方ずつ持ちます。片方の箸で身をしっかり押えながら、もう片方の箸でえびの腹に切れ目を入れます。あとは箸で殻をむきます。こうすると手を使わずに殻をはずせます。

種類が豊富な麺類

中国料理は麺類の種類が驚くほど豊富です。しかも、地方ごとに作り方、味が異なります。中に入れる具もさまざまです。玉子がたくさん入った物、ミートソースをかけた物、野菜や肉を炒めた物など、それぞれ特色のある具が使われます。麺そのものも太かったり細かったり、きしめんのように平たかったり、また小麦ではなく米から作る物もあります。

日本のラーメンは中国から伝わりましたが、日本独自の進化をとげて今日に至っています。中国には日本のラーメンに相当する物は見当たりません。今ではラーメンは日本を代表する独自の料理となっています。

便利なレンゲ

小籠包のところでもお話したように、中国料理ではいろいろな場面でレンゲが使われます。フカヒレ料理、ツバメの巣の料理、とろみをつけた料理、杏仁豆腐など。レンゲを使わないと食べにくい料理がたくさんあります。

レンゲが多用されるのは、皿を動かしてはいけないことにもあります。ご飯茶碗以外器はテーブルに置いたままでなくてはなりません。そこで口に運ぶ手段として箸の他にレンゲが使われるのです。麺類には必ずレンゲが添えられます。箸で麺を取りレンゲにのせて食べます。こうすると、日本人がラーメンをすする時のような音も不思議と立ちません。

薬膳料理とは

薬膳料理と言うと、生薬のような一般的でない食材を使って作るイメージがありますが、そうではありません。また、おいしさを楽しむ料理でもなければ、どの人にも健康的な効果をもたらす料理でもありません。中医学理論に基づいた、食べる人の体調に合わせて作られる料理で、冷えや食欲不振などの体質を改善へと導きます。

ただし、正しく食べることが重要で、例えば、冷え性の人に身体の熱を逃がす効果のある薬膳料理を合わせると、保温に必要な熱まで奪うことになり、逆効果になってしまいます。また、同じ料理でも体質によって合う合わないがあります。それを見極めて作ることも求められます。

薬膳料理では旬の食材を使うことで、自然のパワーが体内に取り入れられると考えられています。冬であれば身体を温める食材が、春にかけては免疫力を高める食材が多くなります。それらを効果的に使います。

また、家庭で身近にある野菜や肉、魚、調味料を組み合わせるだけでも薬膳料理を作ることができます。例えば、冷え性の人には、身体を温める効果に優れた生姜《しょうが》と、胃腸を温める効果のある蓮根《れんこん》、鮭、大根などを合わせます。その点、生野菜のサラダは冷え性の人には向きません。食べる時は温野菜にしましょう。

また、むくみや肌荒れが気になる人は生姜と、くるみ、にら、豚肉などを使った料理がお勧めです。生姜には身体を温め血行を促す効果があります。豆腐に生姜をのせた冷や奴も立派な薬膳料理です。消化機能を整え、体内の余分な熱を取り除き、解毒作用など薬膳効果が期待できます。

飲茶は組み合わせて取る

飲茶《やむちゃ》は日本でも大変人気ですが、本場中国では発祥元の広東料理でしか扱われません。揚げ物、焼き物、蒸し物、煮物などの料理がワゴンに満載され、客席の間を回ります。それをお客様が好きなだけ取って食べるのが飲茶です。

本場中国の飲茶で出される料理は何百種類もあり、それがワゴンにのせられて目の前を通ると、目移りがしてどれも食べたくなりますが、蒸す、焼く、炒める、煮る、揚げるなどの調理法が重ならないように、いろいろ組み合わせて取るのが賢いいただき方です。日本国内で飲茶をいただく場合も同様です。また、飲茶に欠かせないのが中国茶です。中国料理は油っこく、中国茶が胃壁についた油を除去する役目をします。中国ではジャスミン茶、プアール茶、ウーロン茶が飲茶の際の定番です。

いろいろある中国酒

中国酒は大きく6種類に分けられます。黄酒《ホアンチュウ》、白酒《パイチュウ》、果酒《クオチュウ》、薬酒《ヤオチュウ》、啤酒《ピィーチュウ》、ブランデーなどの外来酒です。この中でも代表的な中国酒と言えば黄酒と白酒です。

黄酒は、中国に最も古くからある酒で、もち米を中心に、うるち米、きびなどを原料にして造られる醸造酒です。黄酒を長期熟成したのが老酒で、ただし最低3年は寝かせた物でないと老酒の名はつけられません。

黄酒を代表する酒と言えば紹興酒です。また、紹興酒は浙江省紹興市で造られる老酒にだけ与えられる銘柄のことで、フランスのシャンパーニュ地方でしか許可されないスパークリングワインをシャンパンと呼ぶのと同じです。紹興元紅酒、紹興加飯酒、紹興善醸酒、紹興香雪酒、紹興花彫酒などが知られます。

黄酒が醸造酒に対し、白酒は蒸留酒です。中国で生産される酒類の中で最も種類が多く、世界三大蒸留酒の一つとされます。「焼酒」あるいは「火酒」とも言われ、その名から連想されるように、50度60度とアルコール度数が高いのが特徴です。その代表格が茅台酒《マオタイチュウ》で、他に汾酒《フンチュウ》、高粱酒《コウリャンチュウ》などがあります。

果酒はワインのことです。葡萄酒やリンゴ酒など果実を原料として造る醸造酒と、白酒をベースに果汁を配合して造る酒の総称です。特徴は濃厚で甘口であることです。葡萄酒、玫瑰露酒《メイクイルウチュウ》などがあります。

薬酒は黄酒、白酒、果酒に漢方薬材を漬け込んだ物で、医食同源の中国ならではのリキュールです。三蛇酒《サンシエチュウ》、五加皮酒《ウーチャーピイチュウ》などが知られます。

啤酒《ビーチュー》はビールのこと。雪花啤酒、青島啤酒などが有名です。

中国茶の種類

中国茶を楽しむ人が増えていますが、一般に広まったのはウーロン茶の流行によります。中国人は日本人と同じくらいお茶が好きです。食事には欠かしませんし、オフィスの自分のデスクにも、びっくりするくらい大きなマイカップが置かれています。ちなみに食事の時に飲むお茶はプーアール茶とウーロン茶が多いようです。

中国茶は製造方法の違いから次の5種類に分かれます。不発酵茶、半発酵茶、完全発酵茶、微発酵茶、低発酵茶です。また色などによっても大別されます。一番よく飲まれている緑茶《ルウチャ》、ウーロン茶を代表とする青茶《チンチャ》、生産量が少なく貴重なお茶の白茶《パイチャ》、入手困難な黄茶《ホアンチャ》、紅茶《ホンチャ》、固形茶でも知られる黒茶《ヘイチャ》、花や蕾から造る花茶《ホアチャ》です。

アジアの料理

韓国料理のテーブルマナー

日本に近い韓国であっても、食文化についてはいろいろな面で違いがあります。日本人がその場に直面すると驚くことも多いだけに、韓国料理のマナーを知っておきましょう。

韓国の食事では、ステンレス製の箸（チョッカラ）とスプーン（スッカラ）を使用します。合わせてスジョと呼び、右側に箸を、左側にスプーンを、縦に揃えて置きます。日本料理は持ち上げて食べることが多いのですが、韓国料理は、重くて熱を通しやすいステンレス製の食器が多いことから、器をテーブルに置いたままスジョを使っていただきます。日本の箸やスプーンに比べて長いのはそのためです。

ご飯は日本では箸で食べますが、韓国料理は汁物と同様にスプーンで口に入れます。箸は汁気のないおかず類を食べる時に使われます。

日本では大皿からめいめいの皿に取り分けますが、韓国料理はそのようなシェアはしません。大皿から直接自分の箸やスプーンで料理を取り、口に入れます。また、ご飯を汁物に浸したり、具材を最初からご飯と混ぜてしまうなど、日本の食文化には見られないことが多く、初めて目にすると面食らってしまう日本人も多いようです。

食事中、箸とスプーンのどちらか一方を使う時は、もう片方は食卓に置いておきます。器にのせておく、いわゆる「渡し箸」はマナー違反です。しかし、日本ではタブーとされている箸から箸に食べ物を渡す「移し箸」は、韓国ではマナー違反とはみなされません。

韓国では年長者が敬われます。会食では年長者が箸をとらないうちに先に手をつけるのはマナーに反します。また、麺類も音を立てずに食べるのが良いとされます。

いくつかの代表的な料理のいただき方を見てみましょう。

○ビビンバ

日本人にも人気の料理です。ビビンバとは「混ぜご飯」という意味。ご飯に、ナムル、肉、卵などを発酵調味料のコチュジャンなどとよく混ぜて食べます。石焼きビビンバはおこげができるので、スプーンでガリガリはがしながらいただきます。

○サムゲタン（参鶏湯）

若鶏ににんにく、栗、なつめ、もち米、高麗人参などの漢方を詰め、じっくり煮込んで作る韓国伝統の滋養強壮料理です。素材の味を生かすため調味料は使いません。そのため最初に、テーブルに置かれた塩、こしょうなどで自分で味を調節します。箸とスプーンで鶏肉の身をほぐしながら、中の具といっしょにいただきます。

○プルコギ

見た目が日本のすき焼きに似た料理です。甘いたれに漬け込んだ牛肉を専用の鍋を使って焼きます。すでに味がついているので、そのままサンチュ（レタスの一種）や塩漬けレタスなどでくるんで食べます。

タイ料理のテーブルマナー

最近、日本でも人気のタイ料理ですが、特にフォークとスプーンの使い方には気をつけましょう。ナイフは使用しません。

まず、スプーンを利き手に、フォークを反対側の手に持ちます。フォークはスプーンにのせるための補助的な道具でしかなく、口まで運ぶのはスプーンの役目です。日本で箸に相当するのが、タイ料理ではスプーンなのです。また、タイ料理ではフォークで食べ物を刺すのはマナー違反とされます。

食事中のマナーに反する行為は韓国などとも共通します。例えば、麺類を食べる時、日本のように音を立てるのはマナー違反です。器を持って食べるのもタブーです。また、日本料理では、味噌汁などは器に口をつけていただきますが、タイ料理ではもっての外です。必ず器は食卓に置き、いただきます。終わってから食器を重ねるのもいけません。まだ食べている人にとって不快な行為に映るからです。

また、目上の人と食事をする時は、韓国同様、目上の人が箸をつけてから初めて自分も食べ出すのがマナーです。反対に、会計では一番年上の人が全員の分を払うケースが多いようです。

サービスのプロフェッショナル　⑤
レセプタント

レセプタントとはレセプション（接客）とアテンダント（案内係）を組み合わせた造語で、これまでの「コンパニオン」の呼び名に代わって日本バンケット事業協同組合によって、新たにつけられた名称です。ホテルや宴会施設などにおいて、お客様をおもてなしする職業の人を指します。

主催者に代わってお客様のお出迎えやお見送りをし、話のお相手をすると共に、飲食全般にわたるサービスを行います。パーティーに華を添えるだけでなく、主催者をサポートし、他のスタッフと連携しながら、パーティーがつつがなく進行するように、おもてなしに努める接客のプロフェッショナルです。

日本バンケット事業協同組合
〒113-0033　東京都文京区本郷1-5-17　三洋ビル3F
TEL　03-5804-4891　　FAX　03-5804-4892

第6章　パーティー編

パーティーの種類

パーティーには大きく分けて2種類あります。着席スタイルのパーティーと、立って食べるスタイル、いわゆる立食パーティーです。

日本で着席スタイルのパーティーと言えば、代表格が結婚式の披露宴です。一方、招待客が会場を自由に移動しながらの立食パーティーには、着席ビュッフェ、カクテルパーティー、レセプション、レセプションパーティー、ガーデンパーティー、ティーパーティーなどがあります。

着席ビュッフェとは、料理ボード（料理がずらっと並んだテーブル）から好きな物を取って、自分のテーブルに着いていただきます。着席スタイルと立食スタイルの中間とも言えます。時間を十分にかけた集まりや知り合いの多い会合に向いています。

カクテルパーティーはアメリカのビジネス社会で生まれたドリンク主体のラフなパーティーのこと。夕食までの時間を楽しむ社交的色彩の強いのが特徴です。マンハッタン、マティーニ、カンパリソーダ、ブラッディマリー、ビールなどが出され、カナッペ、各種チーズ、サンドウィッチなどの簡単なつまみ程度の食べ物が用意されます。

レセプションは外国公大使などが主催する格式あるパーティーのことです。ただし、最近よく耳にするレセプションパーティーはそれとは違います。新商品の発表会や新店舗のオープンなど、お店の関係者の交流のために催されます。規模も普通のパーティーより大きいです。

ガーデンパーティーは午後のひと時を野外で楽しむパーティーのこと。午前11時頃から午後2時ないし3時頃まで催されます。

ティーパーティーはイギリス生まれのパーティーで、日本では午後2時頃から、外国では午後4時頃から2時間程度行われます。ティーの名がつくように、紅茶を中心に、サンドウィッチ、クッキー、アイスクリーム、シャーベットなどが添えられます。

他に、特別な料理やお酒を提供するガラパーティーもあります。〝ガラ〟とは「特別な催し」「祭典」を意味し、着飾って行くのがフォーマルマナーのパーティーです。

ビュッフェとバイキングの違い

立食スタイルの食事をビュッフェと言ったりバイキングと言ったりしますが、どう違うのでしょうか。

ビュッフェとはフランス語で「飾り棚」のこと。飾り棚にちょっとした料理を置いて、それを立食で食べるスタイルが流行ったことに由来します。セルフサービスで食べる食事という意味で、「立食の食事」「セルフサービスの食事」と訳されます。けっして食べ放題を指すのではありません。このスタイルが結果的に食べ放題につながることがあるというだけで、最初からビュッフェ＝食べ放題と考えるのは間違いです。

では、バイキングはどうでしょうか。これこそ「食べ放題」です。バイキングの名は外国からきたものではなく、日本人がつけた名称です。1957年に帝国ホテルの社長であった犬丸徹三氏が、旅先のデンマークで食べ放題のサービスを見て気に入り、帝国ホテルに持ち込んだのが最初とされます。北欧に対する豪快なイメージから「インペリアルバイキング」と名づけ、帝国ホテルのサービスとして打ち出しました。また他の説として、映画でのバイキング（海賊）の食事シーンから名づけたとも言われることがあります。

その後他店が真似するようになり、バイキングは今や〝食べ放題〟の代名詞として定着しています。

立食パーティーは〝食べ放題〟ではない

わが国での立食パーティーは大きく次の三つのケースに分かれます。結婚式の2次会、同窓会や個人的なお祝いなどの会、そしてビジネス関係のパーティーの三つです。

立食パーティーは席次がないので行動が自由です。遅れてきても目立たない上、いつ退席してもかまいません。誰もが会場を自由に移動でき、多くの人とコミュニケーションを図ることができます。それが立食パーティーの最大の目的です。

つまり、立食パーティーは料理をいただくことよりも、多くの人と交わることにその目的があります。ところが日本人の中には立食パーティー＝食べ放題と思っている人をよく見かけます。立食のバイキングと混同しているようです。

立食のバイキングは食べ放題ですが、立食パーティーは違います。パーティーの名がついているように、人が集うのが目的の社交場なのです。せっかくの機会を食べることに夢中になり、他の人とのコミュニケーションをおろそかにするのは、パーティーの目的に反します。会話をするにしても、知り合い同士、同僚同士で固まってしまい、それでは立食パーティーの本来の目的が果たせません。

海外ではパーティーと言えば立食形式です。それが当たり前ですから、みなさん、慣れています。結婚式の披露宴にしても、親しい人たちが集まって立食でワイワイ言って楽しみます。

だが、日本人は立食パーティーの歴史が浅く、戦後広まったこの様式に慣れていません。どちらかと言うと、テーブルや座敷できちんと自分の席を設けられるほうが、かしこまった雰囲気であっても居心地の良さを覚えます。そのため立食パーティーの振る舞いにどこかなじめず、欧米人のような自然な感じで、いろいろな人と会話を楽しむことがなかなかできません。そこにもってきて立食＝食べ放題という考えが働きます。その上、予算しだいで会場では豪華な料理が用意されますから、いやでも会食者の目がそちらに向きます。握り鮨やステーキなどに早々と列ができるのはそのためです。軽食程度の物しか出ない海外と、目移りするほどの料理が用意される日本の立食パーティーの違いがここにあります。

おなかをすかせて行くと、ついガツガツ食べそうになりますから、そのようなことがないように、前もって小腹を満たす程度はおなかに入れておきましょう。

主催者側のメリット

立食パーティーは、参加者の親睦を深める意味合いだけでなく、主催者側にも利点があります。着席してのパーティーのように人数分料理を用意する必要がなく、かりに当日出席者が増えても飲み物でカバーできることです。また、サービスをするスタッフの人数も少なくてすみ、それだけコストが抑えられます。会費制にもできます。

他にも、主催者はゲストに対して自由に挨拶して回れます。着席してのパーティーだと挨拶に回っても、どうしてもかしこまったものになりがちです。会話が弾み、交流が広がるのも立食パーティーの良いところです。

招待状が届いたら

まず、どういうパーティーなのか把握しておきます。ビジネス関係であれば、人を紹介したりされたりすることがあるため、どういう関係者が集まるのか前もって知っておくことが大切です。

パーティーへの出欠は早めに返答するのが主催者に対するマナーと思ってください。招待状をいただいた時点で、出席する意志があれば、「出席」の返事を出します。返事は早ければ早いほど良いとされます。

一番いけないのは、仕事の都合などで当日どうなるかわからないために、一日延ばしにして返事を遅らせることです。締切日までぎりぎり待ってみようとします。それだと主催者側は困ります。着席スタイルのパーティーの場合、主催者は席次を決めなくてはなりませんし、立食パーティーでも飲み物や料理の手配があります。段取りに支障が出ます。なるべく早く出欠の返事を出すことが大切です。

招待状のはがきには、「御出席」「御欠席」「御芳名」と書かれています。出席する時は、「御出席」の「御」と「御欠席」の全文字を上から線を引いて消します。次に、「御芳名」の「御芳」の2文字も同じように線を引いて消し、その下に自分の名前を記入します。欠席する場合も同様です。

なお、出席・欠席にかかわらず、はがきの余白には一言添えることを忘れないようにしましょう。結婚式へのご招待であれば、「ご成婚、おめでとうございます。ご両親もお喜びでしょう」、お祝いの会などであれば、「ご招待いただきありがとうございます」などなど。欠席する場合は特に忘れないようにします。何も書かれていないと、受け取るほうは寂しいものです。「海外出張のため欠席させていただきます」などと一言あれば、主催者も安心します。

出席と書いて欠席する時

結婚披露宴に「出席」と書いて出したが当日欠席する時は、欠席することがはっきりした時点で主催者に伝えます。一般に、3日前までならキャンセルは可能です。ただし、会場によっては厳しく1週間前までという所もあるので注意が必要です。

もしキャンセル料が発生する時点で欠席する場合は、ご祝儀を届けるか、あるいは、新婚カップルの新居にふさわしい品物を差し上げるなどすると良いでしょう。何もしないのは相手に迷惑をかけることでもあり、良くありません。

一方、立食パーティーの場合は、キャンセル料の心配はいりません。当日、1人、2人が欠席しても、店への支払いで主催者側に迷惑をかけることはないからです。というのも、もともと主催者側では出席予定者からだいたい1割5分の人数を引いた分量で料理や飲み物を手配します。

ただし、ここでは他の問題が起きます。それは出席の返事を受け取った時点で、主催者はその方の分を予算に組み込むので、それが入らなくなるため、あてがはずれるのです。この時は電話などでお詫びを言い、会費を送るくらいの気持ちを持ちたいものです。

欧米のご祝儀事情

会費制のパーティーであれば、会費を持参すればいいのですが、結婚披露宴のようなパーティーではご祝儀を用意します。どのくらいがいいか迷う時は親戚や友人に相談して決めるのが一番です。

その際、日本では縁起をかついで奇数の額にする風潮があります。2万円、4万円、6万円などの偶数の数字は〝割れる〟ことから、おめでたい席には縁起が悪いと見なされています。しかし、これはあくまでも迷信です。振り回されることはありません。

ところで、日本ではお祝いに現金を渡すのが当たり前ですが、欧米では違います。むしろとんでもないことと嫌われます。仮に現金を渡すことはあっても、披露パーティーで料理を用意してくれることに対するお礼の意味からなので、わずかです。日本のように何万円も包むことはしません。

日本のご祝儀に代わる物として、欧米で一般的に行われているのが「欲しい物リスト」です。結婚式を挙げるカップルがそれを扱っている店に立ち寄り、自分たちの新居に欲しい物をリストにしてインターネットで公開します。家電や家具など、高価な物から安価な物までいろいろな品物が金額と共に並びます。ゲストはそのリストを見て、贈りたい物を選び、ネット上からその店にアクセスしてプレゼントします。順番に消えていくので、贈り物がダブル心配がありません。しかも、結婚するカップルにとっては、自分たちの欲しい物ばかりです。おおいに喜んでもらえます。ただし高価な物ほど残りがちになるので、早い者勝ちとも言えます。

ご祝儀を渡すタイミング

欧米とは違い、日本では結婚式当日に現金でご祝儀を渡します。披露宴の始まる前に受付が用意されますから、袱紗《ふくさ》という布に包んだご祝儀を男性ならポケットから、女性ならバッグから取り出し、袱紗を開けて差し出します。

ただし、親族や親しい間柄の人は、事前に新郎新婦に会えるなら、当日よりもその時手渡しするほうが喜ばれるでしょう。受付には、先に渡している旨を伝えればすみます。

知っておきたいドレスコード

ドレスコードとは服装のルールのこと。そのパーティーにふさわしい服装で出かけましょう。

まず出席するパーティーにドレスコードがあるかどうか、確かめます。招待状に記載されていることもあれば、会場側にドレスコードがある場合もあります。迷った時は主催者に確認しましょう。

パーティーのドレスコードは次のように格づけされています。

正礼装（フォーマル）、準礼装（セミフォーマル）、略礼装（インフォーマル）、スマートエレガンス（フォーマルに近いきちんとした服装）、カジュアルエレガンス（フォーマルよりもカジュアルでありながら上品な服装）、ビジネスアタイア（ビジネスパーティーでの服装）、スマートカジュアル（フォーマルよりカジュアルで、普段着よりもきちんと感のあるスタイル）です。

ホテルやレストランで食事をする時のドレスコードとして多く使われるのはカジュアルエレガンス以下です。

ウェディングのドレスコード

正礼装は新郎・新婦とその両親のドレスコードです。その場合、男性は昼と夜で異なります。昼はモーニングコート、夜はテールコート。モーニングコートは上着のフロントの裾が丸くカットされているのが特徴です。テールコートは燕尾服を指し、白いベスト、白い蝶ネクタイを合わせた3ピースです。なお、新郎が和装の場合は、五つの紋が入った黒紋付に袴が正礼装です。

男性の準礼装は、主賓や上司など立場にある招待客や親族のドレスコードです。昼はディレクターズスーツ、夜はタキシードとなります。ディレクターズスーツはブラックの背広と、ブラックとグレーのストライプのスラックス（コールパンツ）を組み合わせます。タキシードは蝶ネクタイ（ボウタイ）、カマーバンド（腹部に巻く飾り帯）を合わせます。また、略礼装は一般招待客のドレスコードで、ブラックスーツやダークスーツに、グレーやシルバーの斜め縞柄のタイを合わせるのが基本です。

女性の正礼装は、和装なら五つの紋の入った黒地の留袖。洋装なら、昼であればロング丈で袖のあるアフタヌーンドレス、夜なら胸元や肩を出したイブニングドレスです。準礼装では、昼はアフタヌーンドレスより自由なデザインのセミアフタヌーンドレス。夜は衿なしで袖のついたディナードレスか、イブニングドレスよりも自由なデザインのカクテルドレスとなります。一般招待客の略礼装は、ドレッシーなワンピースやスーツなどです。

なお、女性の和装は、未婚女性は振袖が正装。既婚女性は、訪問着や付け下げ、色無地にするのが一般的です。

ウェディングに出席する際のドレスコードで禁物なのは、動物柄や皮製品、毛皮などです。動物に関する物は殺生を連想させ、おめでたい席にはタブーです。また、ドレスの色も要注意で、白はいけません。白は花嫁のウェディングドレスにだけ許された色です。ベージュや淡いピンクも光の加減で白く映ることがあるので避けたほうが無難です。大事なのは主役の花嫁より目立たないことです。

昼に披露宴、夜に二次会があるという時、二次会には露出度のあるドレスを着たいと思っても、改めてそういう服に着替えることもできないという場合、披露宴ではショールを羽織るなどして調整すると良いでしょう。

食事しやすく動きやすく

立食パーティーは結婚披露宴のような着席式とは違い、食事をしながら会場を歩き回ります。ドレスコードは食事しやすく動きやすいことが第一です。

まず、料理を取る時に袖が料理にかかってしまうような服装は避けたほうが無難です。袖が長かったり袖口が大きく開いていたりフリルのついているドレスも不向きです。身体を締めつけたりタイトな物も、飲食するうちにきつくなったり、動き回るうちに疲れやすくなったりするので避けましょう。

また、あまりカジュアルな服装もパーティーには禁物です。Tシャツやジーンズは主催者に失礼にあたります。露出度の高い服装も避けましょう。少しフォーマルで華やかな服装がお勧めです。

アクセサリーも大事です。大きな指輪やブレスレット、長いネックレスなどは料理を取る時に邪魔になります。アクセサリーが皿やグラスにカチンカチンとあたるのは他から見て感じのいいものではありません。器が傷つく恐れもあります。立食パーティーでは小ぶりで上品なアクセサリーで出かけましょう。

履き慣れた靴で

立食パーティーでは2時間以上、ずっと立ちっ放しです。不向きな靴を履いていると足が痛くなり、腰も疲れて辛くなります。結果、大事な人との交流に集中できなくなったりします。ミュール、サンダル、ロングブーツ、スニーカーなどは避けます。履き慣れた靴で出かけましょう。

バッグは手をふさがない物を

立食では皿やグラスを手に持つだけでなく、人と握手もしますから、バッグなどで手がふさがっていてはなにかと不便です。バッグは肩から下げられるタイプのクラッチバッグやポシェットがふさわしいでしょう。自分のバッグから、会場で必要な物だけをそこに入れ替えておきます。

披露宴で心がけること

結婚披露宴は新郎新婦にとって人生最大のイベントです。それを盛り立てるために招待客も守りたいマナーがあります。

まず、新郎新婦が入場し、宴が始まったら厳粛な気持ちでスピーチを聴き、「乾杯」の時を待ちます。長々としたスピーチは嫌がられますから手短に。ケーキ入刀は披露宴のクライマックスです。「どうぞ、前のほうでお写真をお撮りください」と司会者から写真撮影が勧められますが、人を押しのけての撮影はいけません。また、同じテーブルの人がスピーチをしている時は食事の手を止めて耳を傾けるのがマナーです。新郎新婦が再入場して自分のいるテーブルに来たら、「おめでとう」「きれいよ」などと、お祝いの言葉をかけましょう。

両親への花束贈呈が始まると、そこで食事は終わりです。料理が残っているからと慌てて口にしては見苦しく映ります。

会場の出口では新郎新婦と両親が並んで招待客をお見送りします。「今日はありがとうございます」と一言お礼の言葉を述べるのを忘れないようにします。大勢が一斉に退席しますから、出口での挨拶は手短に。また、二次会の準備があるでしょうから、新郎新婦をいつまでも引き留めないようにしましょう。

着席スタイルではペースを守って

着席スタイルのパーティーで出席者が一番気をつけたいのは食事のペースです。同じテーブルの他の人と比べて自分が遅いようなら早く、早いようなら遅くして、ペースを合わせることが大事です。次の料理を出すタイミングは基本的に遅い人に合わせますから、一人だけいつまでも食べていると、他の人の前には次の料理がなかなか運ばれないことになります。他の人に迷惑をかけますから、ペースを揃えることが大切です。

最近は、テーブルの上にメニューが置かれています。食材アレルギーのある人なら、それを見ると判断がつきます。

料理の中に苦手な物がある時は残すのはかまいません。ナイフとフォークの上部に寄せておきましょう。サービススタッフは食べ残しを一番下の皿に落としてまとめるのですが、これだとサービスの流れがスムーズにいくのです。

ところで、なんらかの理由で会場に遅れて到着した時、料理はどのように出されるのでしょうか。一人だけ最初から始めると、全体のペースが狂います。承諾を得られれば、他の方が召し上がっている料理と同じ物をお出しすることから始めます。

また、グラスですが、中身はまだ残っているがもう飲みたくないという時は、ご自分から「下げてください」というより、そのままにしておくほうが賢明です。主催者がご用意した物ですし、またそこだけグラスがないと、他のサービススタッフが戸惑ったりするのです。タイミングを見計らってお下げしますので、サービススタッフにお任せください。

遅れる時は直接電話を入れる

着席パーティーに遅れる時は、会場か、主催者や幹事に電話で連絡するのがマナーです。連絡がないと、主催者や幹事はどうしたのかと心配になります。その席だけ空いていると目立ち、同じテーブルの人も気になります。今は誰もが携帯電話を持っています。連絡したくてもできなかった、との言い訳は通りません。

また、中にはショートメッセージで連絡を入れる人もいます。電話番号さえわかれば簡単に送ることができるため、気軽な気持ちで行うのでしょうが、不親切というものです。パーティーが始まっている忙しい時にショートメッセージを開くことはなかなかできません。メールも同様です。電話で直接伝えるのがマナーと心得てください。

二次会のマナー

一般に二次会はパーティー会場の近くに用意されます。歩かないですむようにです。

二次会に行く時は会費を持っているか確認しましょう。会費は包んで渡す必要はなく、財布から出してかまいません。会場には財布の他にカメラや携帯電話も忘れないようにしましょう。あとで新郎新婦や友人たちと写真をシェアして楽しめます。寒い季節ならカイロを、またハンカチやポケットティッシュも持って行きましょう。

立食パーティーの会場に着いたら

立食パーティーの場合、会場には始まる10~15分前までに着くのが理想です。遅刻しても20分までです。反対に、あまり早く着きすぎると、まだ準備中だったりするので気をつけましょう。

バーラウンジで時間調整

早めに来てしまった時、ホテルでのパーティーであれは、同じホテル内にあるバーやバーラウンジで、食前酒を飲みながら会場が開くのを待つことができます。バーラウンジはアルコール類だけでなく、コーヒーや紅茶などもオーダーできます。多くの人が利用する控室に入るのがためらわれる時にも使えて便利です。込み入った話をするのにもこの場所は適しています。ビジネスの打ち合わせにもよく利用されます。

また、街場の高級レストランでウェイティングバーを備えている所では、同様にここで食前酒を飲みながら時間調整ができます。

バーラウンジは他にも、パーティーを終えて飲み足りない時など、食後酒を味わいながらゆったりとした時間をすごすのにふさわしい場所と言えます。

クロークに預ける

コートや鞄、傘など邪魔になりそうな物はクロークがあればクロークに、なければ受付に預けます。会場では財布や携帯電話などの貴重品、ハンカチ、ポケットティッシュ、名刺入れ、女性なら簡単な化粧道具だけを持ち歩くようにします。名刺はビジネス関係のパーティーでは必須アイテムです。プライベートなパーティーでも役立つ時があるかもしれませんから、多めに持って行きましょう。

ハンカチやポケットティッシュを忘れないようにするのは、会場に紙ナプキンやウェットティッシュが用意されていても、料理や飲み物をこぼしたり、トイレで手を拭く時などに、持っているとすぐに役立つからです。

なお、会場によっては後方に鞄を置く場所を設けているケースもあります。あるいは人によってはクロスのかかったテーブルの下を置き場所にしたりもします。この時は取り違いに気をつけましょう。男性の鞄は色も形もよく似ていますから、取り違わないようにタグや目印となる物をつけておくことをお勧めします。

受付での記帳

受付では、大人数の会になるほど関係者の分類を示す紙が下げられているのが普通です。例えば、業界内の祝賀会だとすると、「官庁関係」「同業関係」「プレス関係」といったように。あるいは、「○○会の20周年を祝う夕べ」であれば、「会員」「非会員」と書かれていたりします。受付をスムーズに行うためですが、こうして分けておくと、来てくださった方に礼状などを出す際、やりやすくもなるからです。

受付では記帳をするのが一般的です。しかし、１００人以上のような大人数の出席者の場合だと、それだと列ができて時間がかかります。この時は記帳を省き、名刺だけを差し出すようにする所が多いようです。

記帳をすましたら、ご祝儀や会費を受付に渡します。この時、中には、次に用が控えていて、パーティーには出席できないという人もいます。その場合は、ご祝儀や会費を渡したら、受付にその旨を伝えます。お土産が用意されていたら、それをいただいて帰ります。

また、会社社長や政治家のような忙しい人の中には代理人がご祝儀を持参することがあります。この場合は普通、代理人は招かれた当人の名刺とご祝儀をいっしょに渡すか、そこに自分の名刺も添えて出すか、どちらかをとるようです。

控室での心得

会が始まるまで間がある時は、控室が用意されていたら、いったんそこで待機します。控室はロビーのような共有のスペースを使って作られたり、あるいは、その会独自のウェイティングルームを会場の脇に用意したりします。また、最重要ゲストであるＶＩＰには、一般の人とは別の控室や席を最初から設けたりします。

控室を使うにあたっては、特に、ご自分が末席に当たると思われる方は心得ておくことがあります。例えば、１００人の招待客に対して控室は半数程度しか入れないという時、末席に当たる方が先に入室すれば、上席に当たる方たちが入れず、はみだしてしまいます。自分が末席に当たると思う時は、最初から控室に入るのを遠慮するか、あるいはしばらく外から様子を見て、控室内のスペースにゆとりがあるようなら入室します。

上位席、下位席といったランクづけは、控室にも存在します。窓際と壁際では窓際が上位席、壁際が下位席。奥と入口では、奥が上位席、入口に近いほど下位席になります。ロビーが控室になっている場合も同様です。

新婦の控室でお祝いの言葉を

結婚式では、新郎新婦、ご家族、ご親戚の方々に控室が用意されます。親しい間柄の知人、友人であれば、結婚式が始まる前に新婦の控室を訪れ、お祝いの言葉を伝えると良いでしょう。「おめでとうございます」に続いて、「すごくきれいよ」「ドレスが素敵」など、一言添えるのも忘れないようにします。

もしお声がけができなかったら、キャンドルサービスの時に伝えましょう。

立食パーティーの会場に入ったら

立食パーティーの場合、会場に入ったら、まず主催者に挨拶しましょう。お招きいただいたお礼を伝えます。もし、主催者が他の人と話をしていたり、スピーチの司会が始まったりしていたら、あとでタイミングを見て挨拶にうかがいます。

会場の入口付近では、サービススタッフからウェルカムドリンクを渡されることがあります。飲んでいいかどうか迷いますが、これはパーティーが始まるまでの間、このドリンクを飲んでお待ちくださいという意味の物です。飲んでかまいません。

パーティーが始まるまで時間がある時は、どのような料理が並んでいるか見て回るのもいいでしょう。好みの物、苦手な物、どこにどういう料理が置かれているかなどがつかめます。スタートしてから料理の列に並ぶ際の助けにもなります。

グラスはカチンと合わせない

スピーチが始まったら、料理の皿と飲み物はテーブルに置き、飲食はやめます。スピーチは1~2分程度に終えるのがマナーと心がけてください。飲み物がぬるくなってしまうほどの長いスピーチは嫌がられます。

乾杯に用意される飲み物はパーティーの主旨によって違いますが、一般的にビールが多く、スパークリングワインや日本酒の場合もあります。アルコールが苦手な人にはジュースやウーロン茶などが用意されます。
スピーチが終わると乾杯に移ります。乾杯（亡くなった人を偲ぶ献杯も同じ）は心を一つにしてここに集う、という意味合いで行われるものです。その点、一人一人がグラスをかかげるのが本当です。周囲の人とグラスをカチンと合わせるものではありません。特に格式のあるパーティーでは、その行為は不作法にとられたりします。目線の位置にかかげ、目礼程度にとどめます。特にシャンパングラスのような繊細なグラスは破損の恐れがあるので、注意しましょう。

ビールの上手な注ぎ方

ラベルのあるほうが正面です。正面を上にして持ちます。グラスに瓶の口を差し込むようにして注ぐのはマナー違反です。置き注ぎもいけません。注ぐ時は、初めはゆっくり、次第に勢いよく。グラスの半分くらい注いだところで一呼吸おくくらいが良いでしょう。グラスの上部に2~3割の泡を立てる気持ちで注ぐと、グラスの縁から泡がふっくらと盛り上がった状態になります。

会場での歩き方と「名刺」の渡し方

立食パーティーは新たな人との交流の場です。同僚や仲間とばかりずっとしゃべっているのはそれに反し、せっかくの機会を無駄にすることになります。

まず、会場を見渡し知っている人を探します。挨拶を交わす内に、「〇〇さんを紹介してあげるよ」などとなり、次々に紹介をしたりされたりと輪が広がっていきます。また、知らない人にも積極的に話しかけます。相手との話が終わるタイミングを見計らって声がけをします。主催者との関係から入るなどすると、話もスムーズに進むようです。

人と会話をする時は、皿はいったんテーブルに置きます。名刺交換の時も同様です。相手より先に自分の名刺を渡し、交換は必ず両手で行います。なお途中で名刺を切らさないように、あらかじめパーティーの規模を把握し、それに見合った枚数を用意しましょう。出席者の数がわからない時は、会場のある所に尋ねれば、「100名様でうけたまわっております」などと教えてもらえます。もし途中で切らした時は、いただいた名刺の住所宛にあとから自分の名刺を送るといいでしょう。

なお社会人でない人も、自分の名刺を作っておくと役立つ時があるかもしれませんから、持参しましょう。

また、知らない人に声がけする時は、天候、料理のおいしさなども会話のきっかけになります。

反対にパーティーで口にしてはいけないのは、会社の内部事情、女性の年齢、プライベートな話題です。相手が聞いて不快に思えるような話はしないことです。

相手と話す時は料理の並んだテーブルの周りは避けるのがマナーです。他の人が料理を取る邪魔になります。料理を取り終わったらすみやかに離れ、食事用のテーブルに移ります。入り口や通路をふさぐのもいけません。

また、立食パーティーは大勢の人が自由に歩き回りますから、前だけでなく横や後ろにも神経を配りましょう。突然振り向いたり下がったり、あるいは手を振ったりして、そこにいる人にぶつかったりあたったりしないように、常に周囲に気を配ることが大切です。

また、話し込む内に皿やグラスを持つ手が下がり、料理や飲み物をこぼすことがないようにしましょう。

なお、会場によっては壁際にソファや椅子が置かれていたりします。高齢者や体調のすぐれない方、ずっと立ってお疲れになっている方たちのために用意されています。そうでない人は遠慮するのがマナーと心得てください。

料理ボードは〝エリア〟ごとに並ぶ

最近の立食パーティーは料理の脇に料理名がつけられていることもあり、どういう料理かわかるようになっています。

料理を取るのは右回りが基本です。料理もその順で、前菜、スープ、メインの料理、デザートと並んでいます。反対から並んだり、割って入ったりしないようにしましょう。

ただし、最初からずっと列に並んでいるだけでは、なかなか先に進まず、欲しい物までたどり着くのに時間がかかったりします。料理はテーブルごとに並べられています。つまり一つの料理ボードが一つの〝エリア〟を作っています。その間は途切れ、空間ができています。欲しい料理ののった〝料理ボード〟の列に移動して並ぶことは割り込みには当たりません。ただし、その場合の列への割り込みや、反対から来て料理を取るのはルール違反です。

屋台に並ぶ

豪華な立食パーティーほど屋台がいくつも出ます。天ぷら、鮨、ステーキ、鉄板焼き、地元の名物料理など、料理人がその場で作り、できたてを招待客に差し上げます。屋台は常に人気で、パーティーが始まるやあっという間に列ができるくらいです。

何度も言いますが、立食パーティーは食べるより人との交流の場です。真っ先に屋台に向かうのは勧められることではありません。しかし、屋台に素晴らしい料理が並んでいる限り、人はどうしても屋台に向かってしまいます。

そこでせめて次のようなルールは守りましょう。

まず、独り占めしないこと。数には限りがあります。また、人の分まで取ろうとしないこと。一人でも多くの方がおいしい料理を味わえるように、大人としての振る舞いを心がけましょう。

取り皿、グラスもスマートに持つ

立食パーティーでは、取り皿を始めフォークや箸の持ち方もスマートに決めたいものです。

取り皿とフォークや箸の持ち方

これには2通りの方法があります。まず、欧米の場合は握手に応じられるよう、いつでも右手は空けられるようにし、取り皿の上にフォークないしは箸を横に置きます。親指でフォークまたは箸の握りの部分を押さえます。もう一つは、皿の裏側でフォークや箸を持つ方法です。利き手と反対側の中指と薬指で皿をはさむようにして持ち、薬指と小指の間にフォークや箸をはさみます。この場合は、同時にグラスを皿の上に置くことができます。グラスを皿の手前に置き、親指と人指し指で下の部分を押さえておきます。ただし、これは慣れないと少し難しいかもしれません。

人と話す時は、皿とグラスはテーブルにいったん置いてもかまいません。不安定に持っているより安全です。ただし、料理の並んだ料理ボードに置くのはマナー違反です。

サーバーの持ち方

並べられた料理には、従来、それぞれに取り分け用のサーバーやレードルが添えられます。サーバーは大型のフォークとスプーン、レードルは大型のオタマと思ってください。サーバーの使い方は慣れないと扱いづらいものです。サーバーはフォークが上、スプーンが下にくるように持つのが正式です。親指が上にくるようにしてフォークを人差し指といっしょにはさみ、薬指をフォークとスプーンの間に差し入れてからスプーンを中指と小指で固定させます。こうして料理を取ったら、別の手に持った皿に盛ります。

うまくいきそうにない時は、皿をテーブルに置いてから、利き手にスプーン、もう片方の手にフォークを持ち、スプーンですくいフォークで支えて料理を取り、皿にのせます。こうした方が確実です。

このようにサーバーは扱いにくいため、どのお客様も取りやすいように、今では多くのホテルや宴会場がトング式のサーバーを使用しています。

役立つグラスマーカー

パーティーでは自分がどのグラスで飲んでいたかわからなくなることがあります。そんな時グラスマーカーが役立ちます。他の人のグラスと区別するためにつける物で、市販されていますし、自分でも簡単に作れます。グラスの縁にひっかけたり、ピアスのリングのようにグラスの脚にはめたりしておけば、取り違える心配もありません。おしゃれな物だと人目を引くでしょう。

グラスは底やサイドに紙ナプキンを当てていれば、手が冷たくならずにすみます。

やってはいけない取り方

立食パーティーでは、自分の料理は自分で取りに行きます。けっして人の分まで取ってきてあげないことです。もし、頼まれたら、「いっしょに行きましょう」と答えるのが正しい応対です。また、一度に2皿分取って両手に持つ人を見かけることがありますが、これは見苦しい行為です。さらに、何度も取りに行くのが面倒なのか、一度に山盛りにする人もいます。これはマナー違反です。見ていてスマートに映りません。一皿に2～3種類程度を、少しずつ取るように心がけましょう。それだと何度も往復することになりますが、それもまた立食パーティーの楽しいところです。

また、冷たい物と温かい物、ソースのかかった物とかからない物を一つの皿に盛るのもいけません。せっかくおいしく仕上げられた料理の味を変えてしまうからです。そのために取り皿がたくさん用意されています。

再度取りに行く時は、そのつど新しい皿を使います。使用済みの皿は食事用のテーブルに置いておきます。その際、食べ散らかした印象を与えないように、食べ残しは端にまとめておきます。

なお、食べ終わった皿や飲み終わったグラスを、通りかかったサービススタッフのトレイに戻すのはご遠慮ください。というのは、サービススタッフはトレイの上に皿やグラスをバランス良くのせて運んでいます。そこに使用済みのそれらをいきなりのせられると、バランスが崩れ、危険なのです。使用済みの皿やグラスは、食事用に散らしたテーブルに置いてください。サービススタッフが片づけます。

退席は「中締め」を契機に

立食パーティーは普通、2時間から2時間半行われます。いつ退席したらいいか迷うところですが、最後までとどまる必要はありません。むしろ早めに退席したほうが良いとされます。それが主催者に対する気づかいです。主催者はパーティーの間中、ゲストの挨拶を受けたりお相手をして食べ物を口に入れる暇もないほどで、終わり頃には疲れ切っているはずです。早めに解放して差し上げるのもマナーの一つです。

そのタイミングとしては、「中締め」が契機になります。2時間のパーティーだと、多くの場合、閉会の30分くらい前に一本締め、三本締めなどの中締めを行います。これはゲストに対して、「もうすぐお開きにしますので、そろそろお引き取りください」という合図でもあるのです。ですからゲストはそれを契機に退席してもなんら失礼にあたりません。その際、主催者に挨拶するのが理想ですが、できないようなら、後日、お礼のメールや電話を入れると良いでしょう。

中締めまでいられず途中で退席する時も、主催者への挨拶は省いてかまいません。ただし、自分が来ていることを相手に知らせておくことは忘れないようにします。直接話しかけなくても、相手の目に留まる所まで移動するなどして、印象に残るようにしておきましょう。

「集合写真」と忘れ物

パーティーの最後にみなさん、よく集合撮影をします。しかし、各自が自分の携帯電話で撮り出すとキリがありません。いつまでも終わりません。代表者を選び、メールで転送してもらいましょう。

また、もう一つ最後に気をつけたいのは〝忘れ物〟です。お酒が入ってつい気がゆるみ、忘れがちになります。クロークに預けた物は問題ありませんが、それ以外の場所に荷物を置いた時は、注意が必要です。忘れ物で一番多いのが傘ですが、定期入れや財布など、中にはバッグまで忘れて帰る方がいます。

パーティー終了後、幹事はサービススタッフと共に忘れ物がないか会場を最終確認して回ります。あれば会場となったホテルやレストランで保管します。

忘れ物に気づいたら、すぐに幹事か、会場のホテルやレストランに連絡します。ただし、すぐに返してはもらえません。自分の物である証明が求められます。いつ、どこで忘れたか、どういう形や色の物か、中身は何か、証言が合致して初めて返却されます。必ず自身で取りに行かなければなりませんから、会場を去る時は、忘れ物がないか身の回りをよく点検することを習慣づけましょう。

「バー」を楽しむ

パーティーを終えて、行きつけのバーに立ち寄る方もいらっしゃるでしょう。

「バー」とは、わが国では、お酒をボトルではなく一杯ずつお客様に出すショットバーを指します。カウンター席が中心で、カウンター越しにバーテンダーがお客様にドリンクを提供します。食後に限らず、食前に軽く一杯口にしたい時などに訪れる方もいます。バーは家庭や会食で飲むのとはまた違った独特の雰囲気があり、それに惹かれて行きつけの店を持つ人も多いようです。

バーの魅力にはいろいろありますが、ふらりと行ってゆっくり飲めることや、バーテンダーと静かに会話できることなどが挙げられます。バーラウンジのように時間調整や飲み足りない時に使うこともでき、とりわけ、一人きりの時や、気分を変えて飲みたい時などにふさわしい場所と言えます。

それだけにバーを利用する時は、いくつかのことを心得ておきましょう。

まず、入店したら、座る席はバーテンダーに任せることです。バーにとってお客様の配置は重要です。一般的にバーの店内は狭いですから、お客様が偏って座られると、全体のバランスが悪くなるのです。適当な間隔でお座りいただくことが店にとっては重要で、そのことがゆったりとくつろいだ雰囲気にもつながります。バーテンダーはお客様が入店されると、お一人なのか、恋人同士や会社の同僚なのかなどを見極め、「どうぞこちらへ」とバランス良く、適した席にご案内します。

次に、バーには大勢で行くのは控えましょう。多くても3人までです。バーは静かに飲酒を楽しむ場所です。4人以上がカウンターに座ると、その方たちのおしゃべりによってせっかくの静かな雰囲気がこわれてしまいます。もし4、5人で訪れた場合は、2人ずつなどに分かれて座っていただくようにお願いすることもあります。

また、カウンターに荷物をのせるのも控えましょう。書類入れなどを無造作に置く方がいますが、他のお客様には気になります。足元などに置いてください。

バーテンダーはカウンターの中から、お客様をよく見ています。目、口、肩、頭の動き、さらには食べ方飲み方などを見て、お客様が今、何をお望みであるかなどを察します。声や表情などから、まだお酒が進みそうだなと思えば、「追加はどうされますか」とお尋ねしたり、沈んだ表情であれば、「温かい物をご用意しましょうか」とさりげなく言ったりするなどです。

バーはお酒のことがよくわからないという方も楽しめる場所です。そういう方は、バーテンダーに自分の好みを伝えてふさわしいカクテルなどを作ってもらうと良いでしょう。それもバーの楽しみ方の一つです。バーテンダーはお酒のプロです。静かな会話の中からお酒に関するいろいろなことを教えてもらえます。ただし、カウンター上のボトルには手を触れないようにします。

バーにはそれなりのおしゃれな服装で出かけましょう。また、長居しないのもスマートな利用法です。

宴会スタッフの役割

宴会場では大勢のスタッフが働いています。宴会がスムーズに進行するために宴会スタッフの存在は欠かせません。

会場ではキャプテンの下、宴会スタッフがワンチームとなって仕事に当たります。キャプテンは現場を統括する責任者です。会場全体を見回し、進行状況を常に把握してスタッフに指示を出します。宴会スタッフは制服にネームプレートをつけているので判別できます。また、宴会セールス（営業）がサポートすることもあります。
立食サービスの場合、サービスクリエーター（配膳人）は、トレイの上に飲み物やカナッペなどの軽食をのせてお客様の間を回り、お勧めします。また、テーブルに戻された使用済みの皿やグラスなどを片づけます。レセプタント（パーティーコンパニオン）はゲスト（ＶＩＰ）のそばにいておもてなしをする人です。ＶＩＰのために飲み物を運んできたり料理を並んで取ってきたりするだけでなく、話のお相手も務めます。開場の際、ドレスを着て入口で出席者に飲み物を手渡したりもするのでわかるかと思います。

このような宴会スタッフはお客様にとって助かる存在と言えます。宴会場では飲み物は本来、用意された場所から各自で運ぶのが本当ですが、広い会場だとそこまで往復するのは大変です。それをやってもらえるのですから手間が省け、多くの人との交流に集中できます。ただし、ＶＩＰは別にして、一般の出席者が自分のために料理を取ってきて欲しいなどの要望は仕事の範囲外ですので、応対してはもらえません。

宴会スタッフはまた、会場側との開始前の打ち合わせによって、各料理と飲み物のある位置を頭に入れていますから、もし、「メインの料理はどこにあるのだろう」「デザートはどこだろう」と、置かれている場所がわからない時は、宴会スタッフに聞けば教えてもらえます。化粧室、喫煙所なども、わからない時は聞いてください。答えてもらえます。

サービスのプロフェッショナル ⑥
サービスクリエーター

所によっては今でも「配膳人」と呼ばれる人のことです。全国サービスクリエーター協会では「サービスクリエーター」の名で統一しています、サービスクリエーターはホテル、会館、レストラン、結婚式場、宮中晩餐会などで、料飲接客サービスにたずさわるスタッフを指します。中でも多いのは、一般的に言われるウェイター、ウェイトレスで、料理や飲み物のサービスを担当します。宴会の混み合う時期、繁忙の時間帯などに、紹介所の紹介や派遣により仕事にあたります。
紹介される職場のレベルに合わせた仕事を常に要求されるために、教育訓練が欠かせません。

一般社団法人　全国サービスクリエーター協会（ＡＪＣＣ）
〒１１０－０００４　東京都台東区下谷２－15－12　浅井下谷ビル６Ｆ
ＴＥＬ　０３－５８０８－７３７５　　ＦＡＸ　０３－５８０８－７３７６

おわりに

国際化が進み、文化面でもビジネス面でも、わが国には海外から大勢のお客様がおみえになります。そのような方たちとランチやディナーを共にしたり、パーティーでお会いしたりする若い方たちも多くいらっしゃるでしょう。このような機会は今後ますます増えるものと予想されますが、会食やパーティーの場で臆せず堂々と振る舞える若い方がどのくらいいるかとなると、はなはだ疑問です。そのような席に慣れていないことと、大人としてのテーブルマナーを身につけていないことが最大の理由です。

初めてのテーブルマナーは学生たちが社会人になる前に教育の一環として学びます。しかし、ナイフやフォークをどう扱えばいいのか、その程度にとどまっていて、もっと重要なことが教えられないままです。そのため多くの人が身につけておくべきテーブルマナーをどこからも学べないまま、社会に出て行くことになります。社会人の先輩も教わっていないために後輩にも伝わらない。そのため覚えない。覚えないから、その場でどう振る舞っていいかわからない。そういう〝悪循環〟になっています。

食事は人と人とがコミュニケーションを図る上で最も有効な手段です。会食や立食パーティーが開かれる目的はまさにそこにあります。単に食べるためにあるのなら、わざわざこのような場所や時間を持つことはないわけです。会食やパーティーは人と人との交流の場です。それを支えるのがテーブルマナーです。

言い換えれば、大人としてのテーブルマナーをきちんと身につけておけば、臆せず他の人と交流ができます。ビジネスであれば成功への一歩となり、プライベートであればより親しい関係を生むことができます。知っていれば覚えられ、覚えられればそれを実行に移せます。結果、人との交流がスムーズになり、自分に対しても自信が持て、どんな会食やパーティーに出ても堂々と振る舞うことができます。飲食を伴う場面においては、場所、状況、相手などに応じた「行儀」「礼儀」「儀礼」が重要であると考えます。

また、さらに一段グレードアップして、「ガストロノミー」にまで高めることを期待しています。ガストロノミーとは料理を単においしく食べるだけでなく、その料理の持つ時代背景や芸術性など文化の面も合わせて考えることを意味します。日本では美食家、美食学とも呼ばれます。これからの食べ手側であるお客様には、おいしさだけでなくこのような食全体を味わい、感じ取る人になっていただきたいと思います。

おいしい物を食べるだけの時代は終わりました。これからは広い視点から食事を捉える食文化が広まることを願っています。

私は、都内の一流ホテルの宴会およびレストランの現場で経験を積んだのち、フランス料理店、イタリア料理店で支配人を務め、現在は、ホテル・レストランを対象とした人材紹介・派遣会社を経営しています。また、サービス業界を目指す学生たちに食やマナーに関する教育、指導を、社会人向けにはテーブルマナー教室、食卓作法講座を開いて教えています。他にも、長年、ヨーロッパやアジアに出かけて料理や酒に関する最新情報を仕入れ、最高のサービスを求められる首相主催晩餐会においても、現役のサービススタッフとして任務にあたる経験を持ちます。

こうして人に教え、現場で働く中で気づいたのは、あまりに多くの人が本来のテーブルマナーを知らないということでした。国際化が進む日本において、これではいけないと思い本書を執筆したのです。

若い方々が、社会人として、国際人としてこの先、生活していく上で、テーブルマナーは重要で、また必要不可欠です。本書は、私がこれまで培ってきたテーブルマナーの知識と経験を余すことなく伝えるものです。是非読んで、お役立ていただきたいと願っています。

2021年　4月

大谷　晃

大谷　晃（おおたに　あきら）

1960年東京都生まれ。
都内の一流ホテルで、宴会およびレストランの現場でサービスの経験を積んだ後、イタリアン及びフレンチの支配人として勤務。厚生労働大臣許可㈱H.R.M.を設立、代表取締役に就任。内閣府認証NPO法人日本ホテルレストラン経営研究所を設立。理事長に就任。食、マナー、接客、接遇に関する教育、指導、講演をする傍ら、ユニセフ、メイクアウイッシュの活動に協力。㈻日本ホテル学院理事。フランスよりグルメ、ワイン、チーズの騎士団より七つの騎士の称号を叙任。シャンパーニュ騎士団よりオフィシエ・ド・ヌール受章。シュバイツァー博士顕彰協会より教育・社会貢献功勲章受章。国内では神奈川県藤沢市長表彰、厚生労働大臣表彰。著書に「大人の男の品格を上げる『知的快食術』」「宴会サービスの教科書」、監修書として「旅館ホテルのおもてなし」「旅館ホテル・観光の教科書」「日本料理の支配人」など多数ある。

URL:http://www.npo-hrm.org

本文イラスト　小菅静華
協力　中国料理サービス研究家　中島將耀

大人のための「テーブルマナー」の教科書
2021年6月19日　初版発行
著者　大谷 晃
発行　株式会社 キクロス出版
〒112-0012　東京都文京区大塚6-37-17-401
TEL.03-3945-4148 FAX.03-3945-4149
発売　株式会社 星雲社（共同出版社・流通責任出版社）
〒112-0005　東京都文京区水道1-3-30
TEL.03-3868-3275 FAX.03-3868-6588
印刷・製本　株式会社 厚徳社
プロデューサー　山口晴之　　エディター　高野知恵子

ISBN978-4-434-28947-7 C0077